Arbeitsheft

Allgemeine Ausgabe

Erarbeitet von
Mechtilde Balins
Rita Dürr
Nicole Franzen-Stephan
Petra Gerstner
Ute Plötzer
Anne Strothmann
Margot Torke
Lilo Verboom

Illustriert von
Cleo-Petra Kurze
Martina Theisen

 Deine interaktiven Gratis-Übungen findest du hier:

1. Gehe auf scook.de.
2. Gib den unten stehenden Zugangscode in die Box ein.
3. Hab viel Spaß mit deinen Gratis-Übungen.

Dein Zugangscode auf
www.scook.de

Die Gratis-Übungen können dort nach Bestätigung der AGB und Lizenzbedingungen genutzt werden.

x5sma-h22zp

Oldenbourg Schulbuchverlag, München

Inhaltsverzeichnis

Erläuterung der farbigen Überschriften auf den Arbeitsheftseiten:

| Wiederholung | Zahlen | Rechnen | Geometrie | Sachrechnen | Daten und Zufall |

1 Wann beginnen die Sommerferien 2019? Wann enden sie?

Bundesländer	2019	Beginn	Ende
Baden-Württemberg	29.07. – 10.09.		
Bayern	29.07. – 09.09.		
Berlin	20.06. – 02.08.		
Brandenburg	20.06. – 03.08.		

2 Suche dir mindestens drei Bundesländer aus.
Wie viele Tage dauern die Sommerferien 2019?

Bundesländer	2019	Tage
Bremen	04.07. – 14.08.	
Hamburg	27.06. – 07.08.	
Hessen	01.07. – 09.08.	
Mecklenburg-Vorp.	01.07. – 10.08.	
Niedersachsen	04.07. – 14.08.	
Nordrhein-Westfalen	15.07. – 27.08.	
Rheinland-Pfalz	01.07. – 09.08.	
Saarland	01.07. – 09.08.	
Sachsen	08.07. – 16.08.	
Sachsen-Anhalt	04.07. – 14.08.	
Schleswig-Holstein	01.07. – 10.08.	
Thüringen	08.07. – 17.08.	

Juni

Mo	Di	Mi	Do	Fr	Sa	So
					1	2
3	4	5	6	7	8	9
10	11	12	13	14	15	16
17	18	19	20	21	22	23
24	25	26	27	28	29	30

Juli

Mo	Di	Mi	Do	Fr	Sa	So
1	2	3	4	5	6	7
8	9	10	11	12	13	14
15	16	17	18	19	20	21
22	23	24	25	26	27	28
29	30	31				

August

Mo	Di	Mi	Do	Fr	Sa	So
			1	2	3	4
5	6	7	8	9	10	11
12	13	14	15	16	17	18
19	20	21	22	23	24	25
26	27	28	29	30	31	

September

Mo	Di	Mi	Do	Fr	Sa	So
						1
2	3	4	5	6	7	8
9	10	11	12	13	14	15
16	17	18	19	20	21	22
23	24	25	26	27	28	29
30						

In der Tabelle wird immer der erste und der letzte Ferientag angegeben.

3 An welchen Tagen haben alle Kinder in Deutschland Sommerferien?

_____

_____

4 Schaue auf die Tabellen von Aufgabe 1 und 2.
Wie musst du in Deutschland umziehen, um möglichst lange Ferien zu haben?

Ich wohne zuerst in _____

und ziehe dann nach _____

Fredo 3 Mathematik – Arbeitsheft © 2016 Cornelsen Schulverlage GmbH, Berlin

1 Löse die Aufgaben am Rechenstrich.

a)   46 + 23 = _69_   26 + 54 = ____   38 + 25 = ____

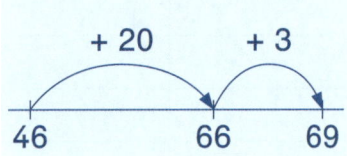

46 + 43 = ____   23 + 57 = ____   57 + 36 = ____

b)   46 – 23 = ____   56 – 36 = ____   72 – 25 = ____

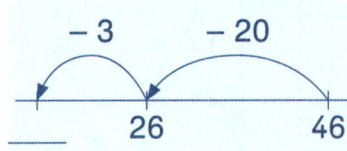

46 – 35 = ____   58 – 23 = ____   53 – 28 = ____

c) Kannst du die Aufgabe 53 – 28
    auch noch anders lösen?

2 Ergänze am Rechenstrich.   Ergänzen

48 + ____ = 82   57 + ____ = 95   28 + ____ = 53

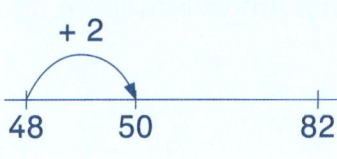

Fredo 3 Mathematik – Arbeitsheft © 2016 Cornelsen Schulverlage GmbH, Berlin

3 Rechne vorteilhaft im Kopf mit dem grünen Koffer.

a) 56 + 29 = ____

43 + 19 = ____

24 + 38 = ____

65 + 28 = ____

56 + 30 – __

56 – 30 + __

Mit der Zehnerzahl

b) 56 – 29 = ____

43 – 19 = ____

54 – 28 = ____

65 – 48 = ____

4 Rechne im Kopf oder notiere deinen Rechenweg.

a)   57 + 28 = ____   36 + 47 = ____   44 + 39 = ____

b)   54 – 26 = ____   84 – 39 = ____   62 – 48 = ____

5 Welche Zahlen sind verdeckt?
Trage immer zuerst unten die passende Zahl ein.

In Schritten vorwärts / zurück

a) 46 + 22 = ____   65 + 13 = ____   b) 45 – 23 = ____   87 – 53 =

46 + 20 +    65 + ⬤ + 3   45 – 20 – ⬤   87 – ⬤ – 3

6 Welche Zahlen sind verdeckt?
Trage immer zuerst unten die fehlende Zahl ein.

In Schritten vorwärts / zurück

Mit der Zehnerzahl

a) 56 + 25 = ____   56 + 29 = ____   46 + 35 = ____   37 + 48 = ____

56 + 20 + ⬤   56 + 30 – ⬤   46 + ⬤ + 5   37 + 50 – ⬤

b) 62 – 19 = ____   43 – 27 = ____   72 – 48 = ____   53 – 36 = ____

62 – 20 + ⬤   43 – 20 – ⬤   72 – 50 + ⬤   53 – ⬤ – 6

7 45 + 38 = ____ + 40   69 + 23 = ____ + 24   92 – 39 = ____ – 40

Fredo 3 Mathematik – Arbeitsheft © 2016 Cornelsen Schulverlage GmbH, Berlin

1 Aufgaben mit Ziffernkarten

$23 + 45 =$ ___ $\quad\quad$ $34 + 25 =$ ___ $\quad\quad$ $35 + 24 =$ ___

$23 + 54 =$ ___ $\quad\quad$ $34 + 52 =$ ___ $\quad\quad$ $35 +$ ___ $=$ ___

$32 + 45 =$ ___ $\quad\quad$ $43 + 25 =$ ___ $\quad\quad$ $53 +$ ___ $=$ ___

$32 + 54 =$ ___ $\quad\quad$ $43 +$ ___ $=$ ___ $\quad\quad$ $53 +$ ___ $=$ ___

2 a) Bilde möglichst viele Aufgaben mit zweistelligen Zahlen.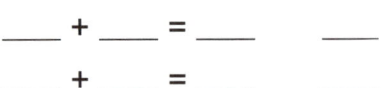

___ $+$ ___ $=$ ___ $\quad$ ___ $+$ ___ $=$ ___ $\quad$ ___ $+$ ___ $=$ ___

___ $+$ ___ $=$ ___ $\quad$ ___ $+$ ___ $=$ ___ $\quad$ ___ $+$ ___ $=$ ___

___ $+$ ___ $=$ ___ $\quad$ ___ $+$ ___ $=$ ___ $\quad$ ___ $+$ ___ $=$ ___

___ $+$ ___ $=$ ___ $\quad$ ___ $+$ ___ $=$ ___ $\quad$ ___ $+$ ___ $=$ ___

b) Suche dir selbst vier Zahlen aus und bilde möglichst viele Aufgaben in deinem Heft.

3 Aufgaben-Paare mit vertauschten Ziffern

a)

$43 + 54 =$ ___ $\quad$ $27 + 31 =$ ___ $\quad$ $35 + 43 =$ ___ $\quad$ $23 + 74 =$ ___

$34 + 45 =$ ___ $\quad$ $72 + 13 =$ ___ $\quad$ $53 +$ ___ $=$ ___ $\quad$ ___ $+$ ___ $=$ ___

b)

$47 - 32 =$ ___ $\quad$ $46 - 12 =$ ___ $\quad$ $58 - 45 =$ ___ $\quad$ $79 - 67 =$ ___

$74 - 23 =$ ___ $\quad$ $64 - 21 =$ ___ $\quad$ $85 -$ ___ $=$ ___ $\quad$ ___ $-$ ___ $=$ ___

Was fällt dir bei den Ergebnissen auf?

_____

_____

4 Bilde Minusaufgaben-Paare wie bei Aufgabe 3b.

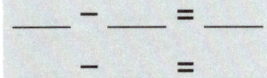

___ $-$ ___ $=$ ___ $\quad$ ___ $-$ ___ $=$ ___ $\quad$ ___ $-$ ___ $=$ ___ $\quad$ ___ $-$ ___ $=$ ___

___ $-$ ___ $=$ ___ $\quad$ ___ $-$ ___ $=$ ___ $\quad$ ___ $-$ ___ $=$ ___ $\quad$ ___ $-$ ___ $=$ ___

5 Setze die Ziffern richtig ein. $\boxed{1}\;\boxed{3}\;\boxed{8}\;\boxed{9}$

$\boxed{} - \boxed{} = 76$ $\quad$ $\boxed{} - \boxed{} = 58$ $\quad$ $\boxed{} - \boxed{} = 42$

$\boxed{} - \boxed{} = 67$ $\quad$ $\boxed{3} - \boxed{} = 85$ $\quad$ $\boxed{} - \boxed{} = 64$

Fredo 3 Mathematik – Arbeitsheft © 2016 Cornelsen Schulverlage GmbH, Berlin

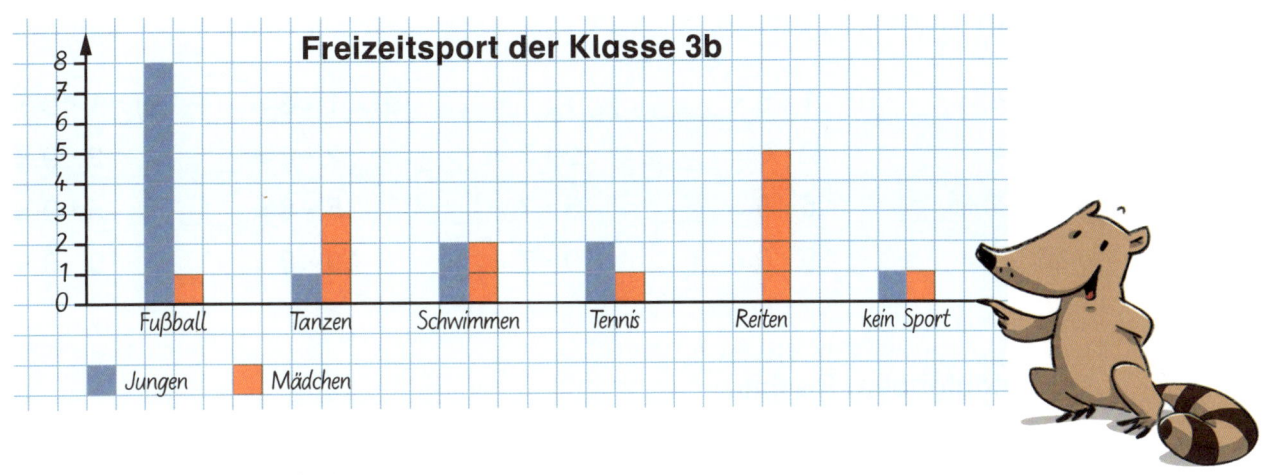

Freizeitsport der Klasse 3b

Jungen · Mädchen

---

1 Richtig oder falsch? Kreuze an.

		richtig	falsch
a)	Die meisten Jungen spielen Fußball.	☐	☐
b)	Gleich viele Jungen und Mädchen schwimmen.	☐	☐
c)	Die wenigsten Jungen spielen Tennis.	☐	☐
d)	Reiten ist bei den Mädchen beliebter als Tanzen.	☐	☐
e)	Mehr Mädchen als Jungen spielen Tennis.	☐	☐
f)	In der Klasse 3b sind 25 Kinder.	☐	☐

2 Richtig oder falsch? Kreuze an.

		richtig	falsch
a)	Tennis spielen die wenigsten Kinder.	☐	☐
b)	Reiten ist in der Klasse 3b beliebter als Schwimmen.	☐	☐
c)	Schwimmen ist bei den Kindern nicht so beliebt wie Tennis.	☐	☐
d)	Weniger als die Hälfte der Klasse spielt Fußball.	☐	☐

3 a) Stelle die Angaben aus der Tabelle in einem Säulendiagramm dar.

Schwimmabzeichen der Klasse 3a	J	M
Seepferdchen	5	6
Bronze	2	1
Silber	1	2
Gold	0	0
kein Abzeichen	4	5

Jungen · Mädchen

b) Notiere eine richtige und eine falsche Aussage zum Säulendiagramm.

_____

_____

1   Rechne.

a) $1 \cdot 4 =$ ___   b) $1 \cdot 6 =$ ___   c) $1 \cdot 7 =$ ___   d) $1 \cdot 8 =$ ___   e) $1 \cdot 9 =$ ___

    $2 \cdot 4 =$ ___ $2 \cdot 6 =$ ___ $2 \cdot 7 =$ ___ $2 \cdot 8 =$ ___ $2 \cdot 9 =$ ___

    $5 \cdot 4 =$ ___ $5 \cdot 6 =$ ___ $5 \cdot 7 =$ ___ $5 \cdot 8 =$ ___ $5 \cdot 9 =$ ___

    $10 \cdot 4 =$ ___ $10 \cdot 6 =$ ___ $10 \cdot 7 =$ ___ $10 \cdot 8 =$ ___ $10 \cdot 9 =$ ___

2   Quadrataufgaben: Rechne.

$2 \cdot 2 =$ ___ $4 \cdot 4 =$ ___ $6 \cdot 6 =$ ___ $8 \cdot 8 =$ ___ $10 \cdot 10 =$ ___

$3 \cdot 3 =$ ___ $5 \cdot 5 =$ ___ $7 \cdot 7 =$ ___ $9 \cdot 9 =$ ___ $1 \cdot 1 =$ ___

3   Rechne immer zuerst die Kernaufgabe.

a) $4 \cdot 3 =$ ___   b) $8 \cdot 8 =$ ___   c) $4 \cdot 4 =$ ___   d) $8 \cdot 6 =$ ___   e) $2 \cdot 7 =$ ___

    $5 \cdot 3 =$ ___ $9 \cdot 8 =$ ___ $5 \cdot 4 =$ ___ $9 \cdot 6 =$ ___ $4 \cdot 7 =$ ___

    $6 \cdot 3 =$ ___ $10 \cdot 8 =$ ___ $6 \cdot 4 =$ ___ $10 \cdot 6 =$ ___ $8 \cdot 7 =$ ___

4   Notiere immer zuerst die Kernaufgabe. Rechne.

a) $9 \cdot 3 =$ ___   b) $4 \cdot 7 =$ ___

    $10 \cdot 3 = 30$ ___ $\cdot$ ___ $=$ ___

c) $6 \cdot 7 =$ ___   d) $9 \cdot 5 =$ ___

    ___ $\cdot$ ___ $=$ ___   ___ $\cdot$ ___ $=$ ___

e) $8 \cdot 4 =$ ___   f) $9 \cdot 6 =$ ___

    ___ $\cdot$ ___ $=$ ___   ___ $\cdot$ ___ $=$ ___

5   Löse die Rechentabelle.

$\cdot$	2	4	8
3			
6			
9			
0			

6   Welche Malaufgaben können es sein?

a)   Ihr Ergebnis ist um 4 größer als $6 \cdot 6$.   _____

b)   Ihr Ergebnis ist um 7 kleiner als $6 \cdot 7$.   _____

c)   Ihr Ergebnis ist um 8 kleiner als $8 \cdot 5$.   _____

d)   Ihr Ergebnis ist größer als $2 \cdot 8$ und kleiner als $4 \cdot 5$.   _____

Fredo 3 Mathematik – Arbeitsheft © 2016 Cornelsen Schulverlage GmbH, Berlin

Malnehmen und teilen

1 Aufgabe und Umkehraufgabe

a) 28 : 4 = ___ b) 36 : 9 = ___ c) 42 : 6 = ___

___ · 4 = 28 ___ · 9 = 36 ___ · 6 = 42

Überlege, mit welcher Aufgabe du beginnst.

2 3 Zahlen – 4 Aufgaben

| 6 | 8 | 48 |

| 7 | | 56 |

| | | 18 |

_6_ · _8_ = _48_ ___ · ___ = ___ ___ · ___ = ___

_8_ · _6_ = ___ ___ · ___ = ___ ___ · ___ = ___

___ : ___ = ___ ___ : ___ = ___ ___ : ___ = ___

___ : ___ = ___ ___ : ___ = ___ ___ : ___ = ___

3 Rechne. Setze die Reihe fort. Was fällt dir an den Ergebnissen auf? Notiere.

a)   8 : 2 = ___ b) 27 : 9 = ___ c) 72 : 8 = ___

12 : 3 = ___ 32 : 8 = ___ 56 : 7 = ___

16 : 4 = ___ 35 : 7 = ___ 42 : 6 = ___

20 : 5 = ___ 36 : 6 = ___ 30 : 5 = ___

___ : 6 = ___ ___ : 5 = ___ ___ : __ = ___

___ : __ = ___ ___ : __ = ___ ___ : __ = ___

a) _____

b) _____

c) _____

4 Teile diese Zahlen: 56 32 40 24 48

a) Das Ergebnis soll gleich 8 sein. b) Das Ergebnis soll kleiner als 8 sein.

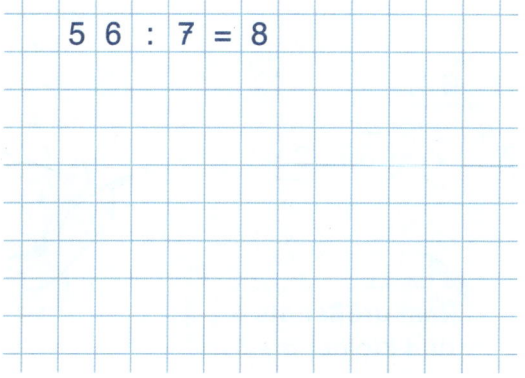

Fredo 3 Mathematik – Arbeitsheft © 2016 Cornelsen Schulverlage GmbH, Berlin

1 Wie viele 7er-Türme kannst du bauen? Wie viele Würfel bleiben übrig?

26 : 7 = ____ R ____   32 : 7 = ____ R ____   37 : 7 = ____ R ____

2 Rechne.

a) 45 : 5 = _____   b) 45 : 5 = _____   c) 49 : 7 = _____   d) 49 : 7 = _____

    46 : 5 = _____   44 : 5 = _____   51 : 7 = _____   47 : 7 = _____

    47 : 5 = _____   43 : 5 = _____   53 : 7 = _____   45 : 7 = _____

    48 : 5 = _____   42 : 5 = _____   55 : 7 = _____   43 : 7 = _____

    49 : 5 = _____   41 : 5 = _____   57 : 7 = _____   41 : 7 = _____

    50 : 5 = _____   40 : 5 = _____   59 : 7 = _____   39 : 7 = _____

3 Wie heißt die gesuchte Zahl? Male sie an.

a)

Wenn ich meine Zahl durch 4 teile, erhalte ich als Ergebnis 7 R 2.

| 31 | 29 | 30 |

b)

Wenn ich meine Zahl durch 9 teile, erhalte ich als Ergebnis 7 R 3.

| 65 | 66 | 67 |

4 Ordne die Geteiltaufgaben den Kisten zu. Male in der richtigen Farbe an.

67 : 7   39 : 5   27 : 4   62 : 7

34 : 9   35 : 8   53 : 9   41 : 6   28 : 5

58 : 6   76 : 9   24 : 7   39 : 8

Achtung! 1 Karte bleibt übrig.

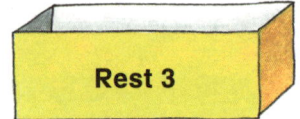 Rest 3

 Rest 4

Rest größer als 4 und kleiner als 8

Fredo 3 Mathematik – Arbeitsheft © 2016 Cornelsen Schulverlage GmbH, Berlin

1 Aufgabe und Umkehraufgabe: Rechne und male mit gleicher Farbe an.

$4 \cdot 7 =$ ____ $27 : 9 =$ ____ $32 : 4 =$ ____ $9 \cdot 8 =$ ____

$72 : 8 =$ ____ $48 : 6 =$ ____ $18 : 3 =$ ____ $3 \cdot 9 =$ ____

$8 \cdot 6 =$ ____ $6 \cdot 3 =$ ____ $28 : 7 =$ ____ $8 \cdot 4 =$ ____

2 Setze ein: $<$, $>$, $=$. Musst du überall rechnen?

a) $24 : 4$ ◯ $48 : 8$ b) $40 : 8$ ◯ $42 : 6$ c) $40 : 4$ ◯ $40 : 10$

d) $27 : 3$ ◯ $24 : 4$ e) $28 : 4$ ◯ $56 : 8$ f) $80 : 10$ ◯ $32 : 4$

3 Immer zwei Zahlen passen nicht. Streiche durch und erkläre.

31	27	90	45
36	18	55	63

36	12	8	15
24	28	32	9

54	32	25	16
40	72	64	48

_____   _____   _____

_____   _____   _____

4 Welche Zahl ist es?

a) Du kannst die Zahl durch 7 teilen.
Die Zahl ist eine Nachbarzahl von 50.
____

b) Die Zahl ist kleiner als 20, aber größer als 10.
Die Zahl ist gerade.
Sie gehört zum Einmaleins mit 9.
____

5 Zahlenrätsel

Die Zahl ist um 25 kleiner als $7 \cdot 9$.

Teile 81 durch 9 und zähle zum Ergebnis 42 dazu.

Ich nehme meine Zahl mit 6 mal. Das Ergebnis teile ich durch 4 und erhalte 9.

____   ____   ____

Fredo 3 Mathematik – Arbeitsheft © 2016 Cornelsen Schulverlage GmbH, Berlin

1 Rechne.

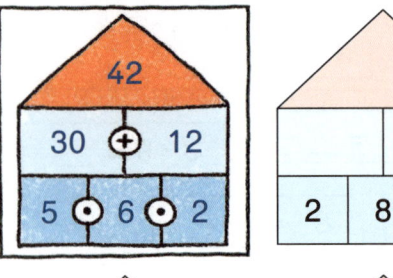

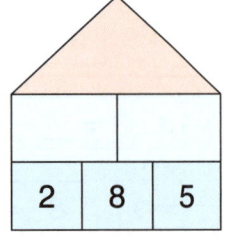 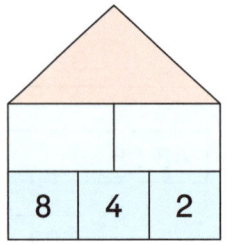 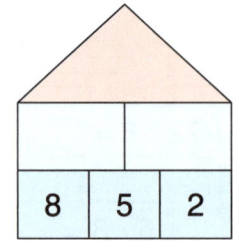 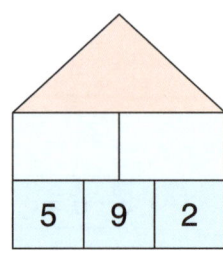

 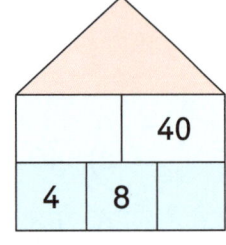 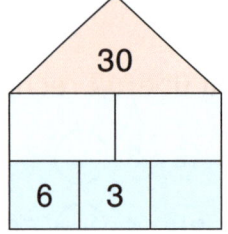 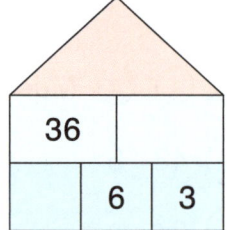 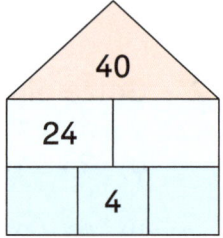

2 Rechne die Mal-Plus-Häuser aus. Was fällt dir auf?

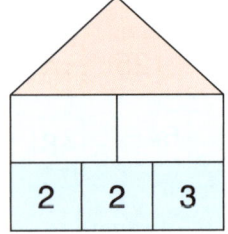 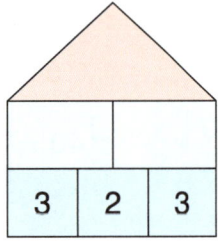 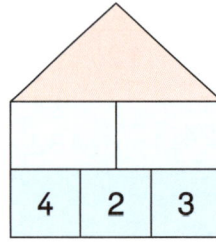 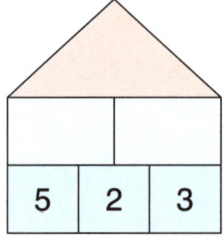 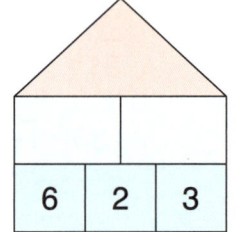

Die linke Randzahl im Erdgeschoss wird immer _____.

Die linke Zahl im ersten Stock wird immer _____.

Die Dachzahl wird immer _____.

3 Erhöhe die Zahl im **rechten Randstein** immer **um 2**. Was fällt dir auf?

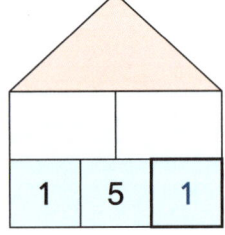 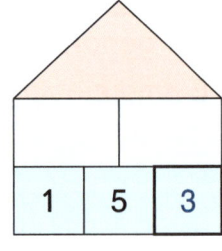 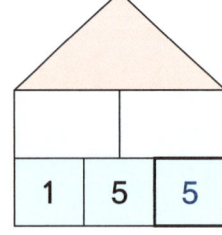 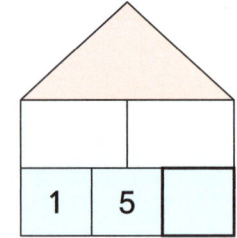

_____

_____

_____

_____

Fredo 3 Mathematik – Arbeitsheft © 2016 Cornelsen Schulverlage GmbH, Berlin

4 Finde die fehlenden Zahlen.

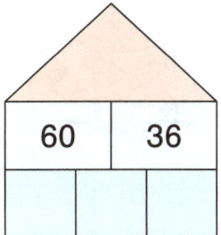 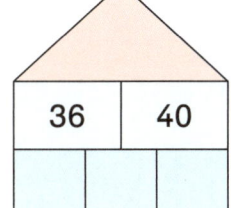

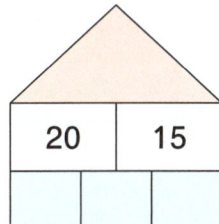 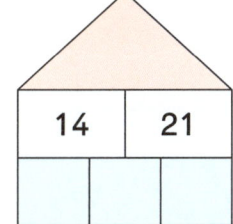

5 Finde jeweils zwei verschiedene Möglichkeiten.

a)

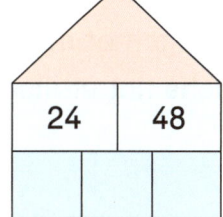 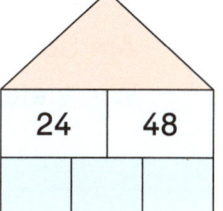

b)

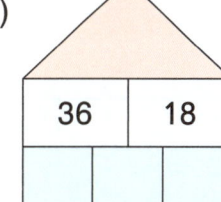 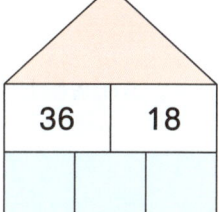

6 Rechne. Welches Häuserpaar passt zu der Beschreibung?

A

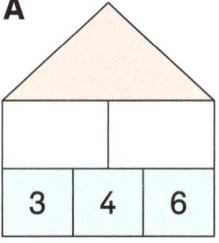 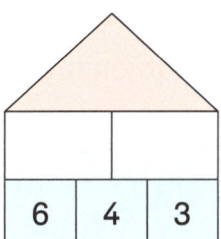

B

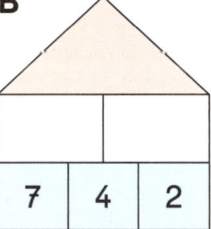 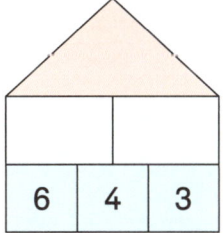

Die Dachzahl ist in beiden Häusern gleich. Die Mittelzahl ist immer eine 4. Die Randzahlen sind vertauscht. Die Zahlen im ersten Stock sind vertauscht.

Häuserpaar ____

7 Begründe:
Warum kommt in diesen beiden Häusern dieselbe Dachzahl heraus?

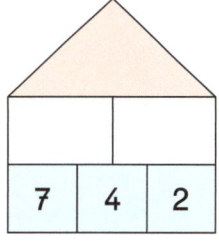 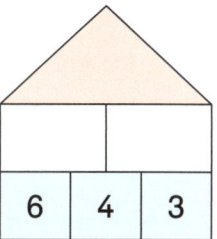

_____

_____

_____

1 Fredo fährt am Wochenende zum Angeln an einen See.
Am Freitag angelt er 16 Fische und 3 Plastikeimer.
Am Samstag angelt er 18 Fische und 4 Schuhe.
Am Sonntag angelt er nur 2 Fische.
Wie viele Fische hat er insgesamt geangelt?

Antwort: _____

2 Fips zieht sich im Winter jeden Morgen Schal, Mütze und Pfotenschuhe an.
Für das Anziehen der Mütze braucht er 4 Minuten.
Für das Zubinden des Schals braucht er 12 Minuten.
Um alle Pfotenschuhe anzuziehen, benötigt er insgesamt 16 Minuten.
a) Wie lange braucht Fips, um sich anzuziehen?
b) Wie lange braucht er, um einen Pfotenschuh anzuziehen?

Antwort: a) _____

b) _____

3 Frida trainiert für das große Flugabzeichen. Dafür fliegt sie
jeden Tag mehrere Runden um das Schloss. Am ersten Tag
schafft sie 10 Runden. Jeden weiteren Tag schafft sie doppelt
so viele Runden wie am Vortag.
Wie viele Runden ist sie nach 5 Tagen insgesamt geflogen?

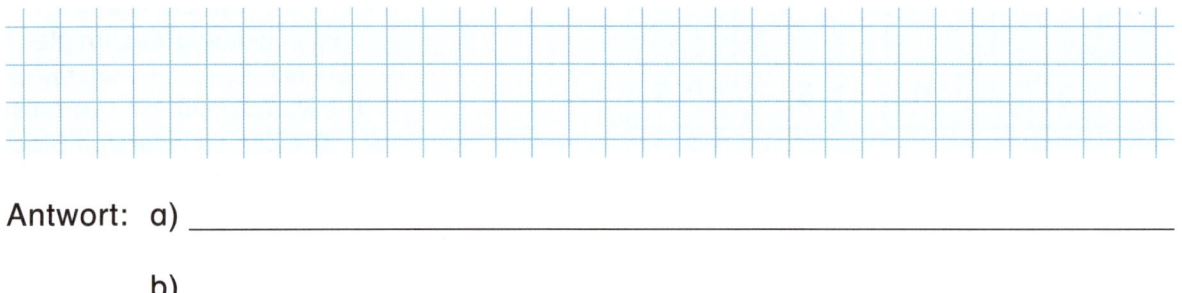

Antwort: _____

Fredo 3 Mathematik – Arbeitsheft © 2016 Cornelsen Schulverlage GmbH, Berlin

1 Zeitspannen berechnen

Bundesland	Weihnachtsferien	Anzahl der Tage
Bayern	23.12.2019 – 04.01.2020	
Nordrhein-Westfalen	23.12.2019 – 06.01.2020	
Sachsen	21.12.2019 – 03.01.2020	

2 Aufgaben am Rechenstrich lösen

a) 57 + 26 = ____

b) 71 − 34 = ____

3 Vorteilhaft rechnen

a) 44 + 39 = ____   58 + 28 = ____

44 + ⬤ − 1   58 + 30 − ⬤

b) 76 − 29 = ____   63 − 48 = ____

76 − 30 + ⬤   63 − ⬤ + 2

4 Informationen entnehmen und übertragen

Lieblingsfarben der Klasse 3a		
Farbe	Jungen	Mädchen
Gelb		
Rot	3	4
Blau	5	
Grün		2
Rosa	0	5

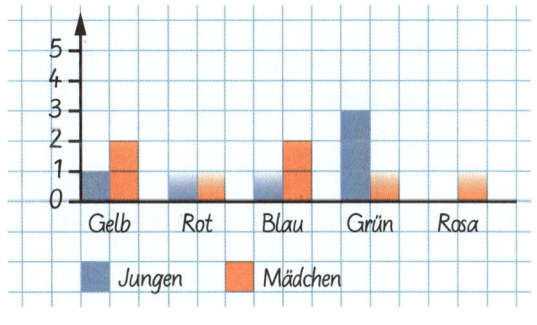

Anzahl der Jungen: ____

Anzahl der Mädchen: ____

5 Einmaleinsaufgaben lösen

·	4	6	7	8
3				
5				
8				

6 Geteiltaufgaben lösen

56 : 7 = ____   40 : 8 = ____

42 : 6 = ____   35 : 7 = ____

27 : 3 = ____   72 : 9 = ____

32 : 4 = ____   48 : 6 = ____

54 : 9 = ____   24 : 4 = ____

Fredo 3 Mathematik – Arbeitsheft © 2016 Cornelsen Schulverlage GmbH, Berlin

1 Verbinde passend.

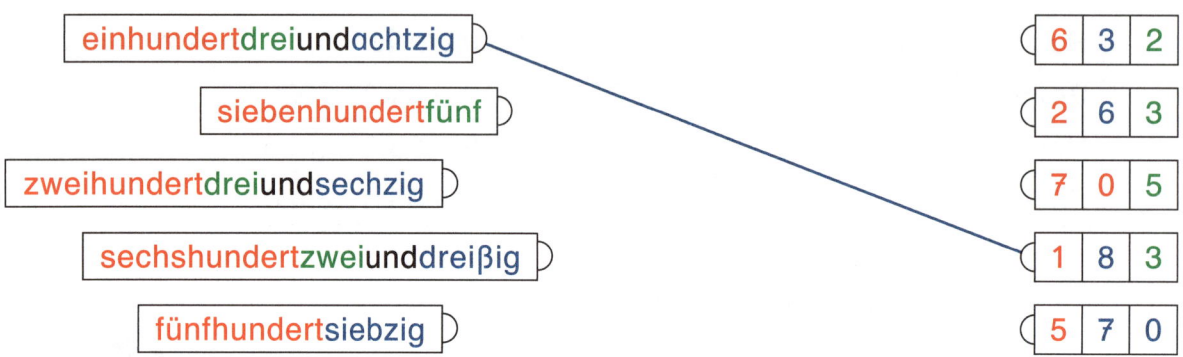

einhundertdreiundachtzig — 6 3 2
siebenhundertfünf — 2 6 3
zweihundertdreiundsechzig — 7 0 5
sechshundertzweiunddreißig — 1 8 3
fünfhundertsiebzig — 5 7 0

2 Immer drei Karten gehören zusammen. Male in der gleichen Farbe an.

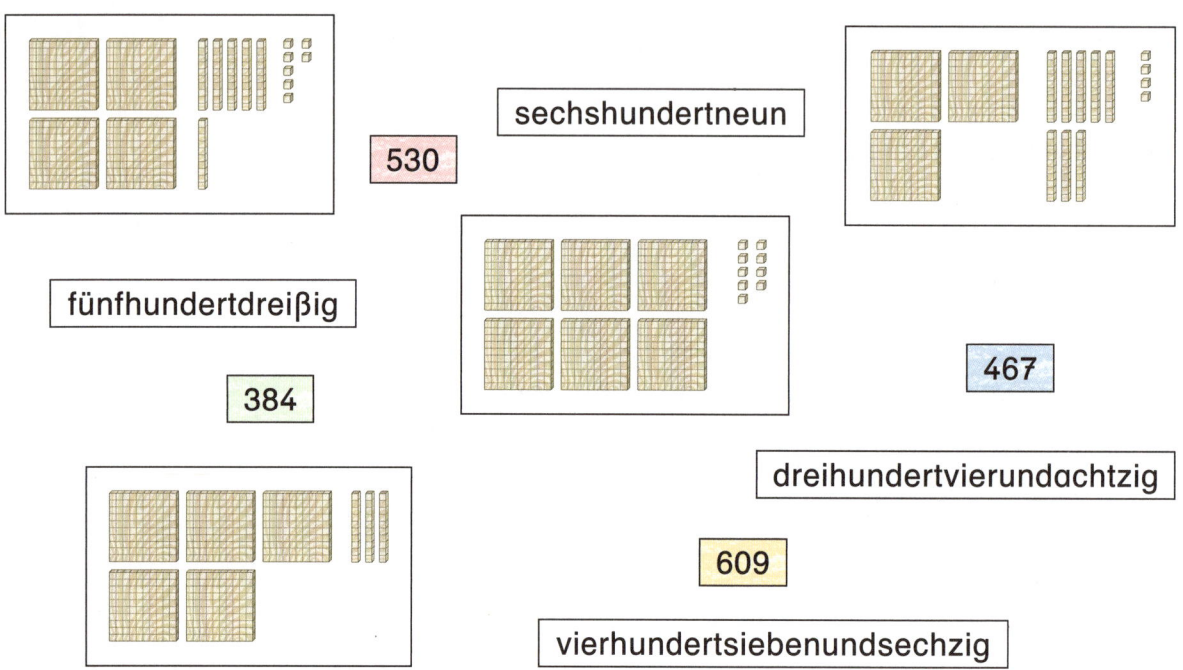

sechshundertneun

530

fünfhundertdreißig

384

467

dreihundertvierundachtzig

609

vierhundertsiebenundsechzig

3 Notiere die Zahlen.

zweihundertsiebenundneunzig   297   achthundertsechzig   ☐

siebenhundertzweiundachtzig   ☐   dreihundertdreiundzwanzig   ☐

vierhundertneunzehn   ☐   sechshundertneun   ☐

hundertfünf   ☐   neunhundertvierundvierzig   ☐

fünfhundertdreiundsechzig   ☐   vierhundertdreiundfünfzig   ☐

Fredo 3 Mathematik – Arbeitsheft © 2016 Cornelsen Schulverlage GmbH, Berlin

1 Welche Zahlen sind das?

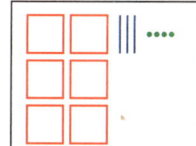 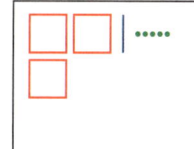 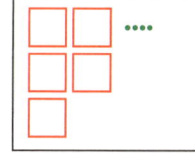 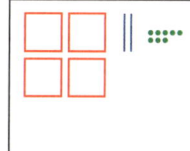 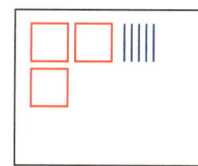

_____ _____ _____ _____ _____

2 Stelle die Zahlen dar.

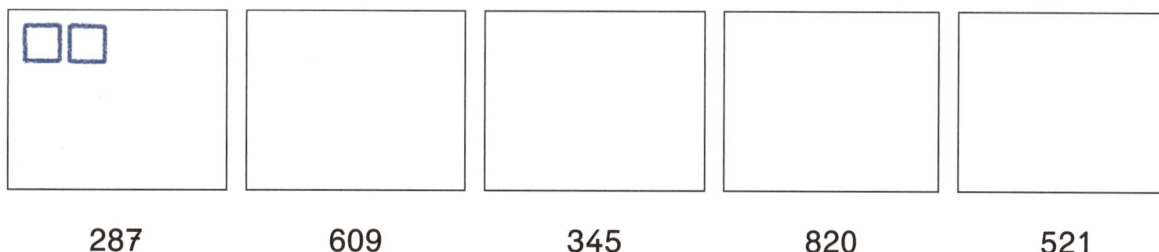

287   609   345   820   521

3 Trage die Zahlen in die Stellenwerttafel ein.

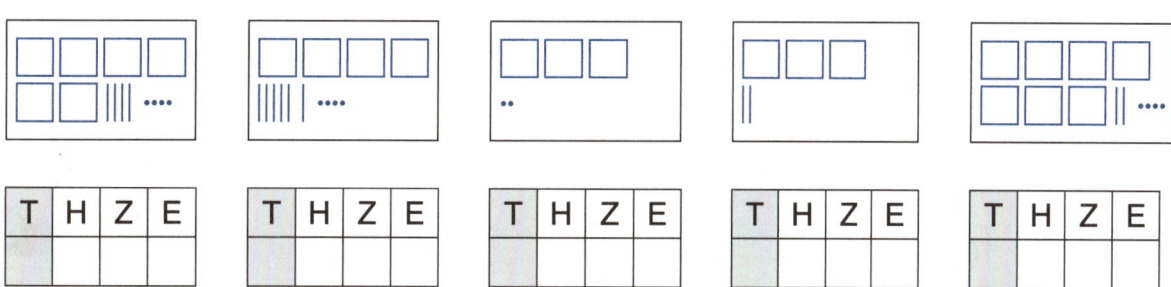

4 Notiere wie im Beispiel.

a)
6 H
2 Z   9 E

b)
9 H
3 Z

c)
7 E
5 H   5 Z

d)
8 E
4 H

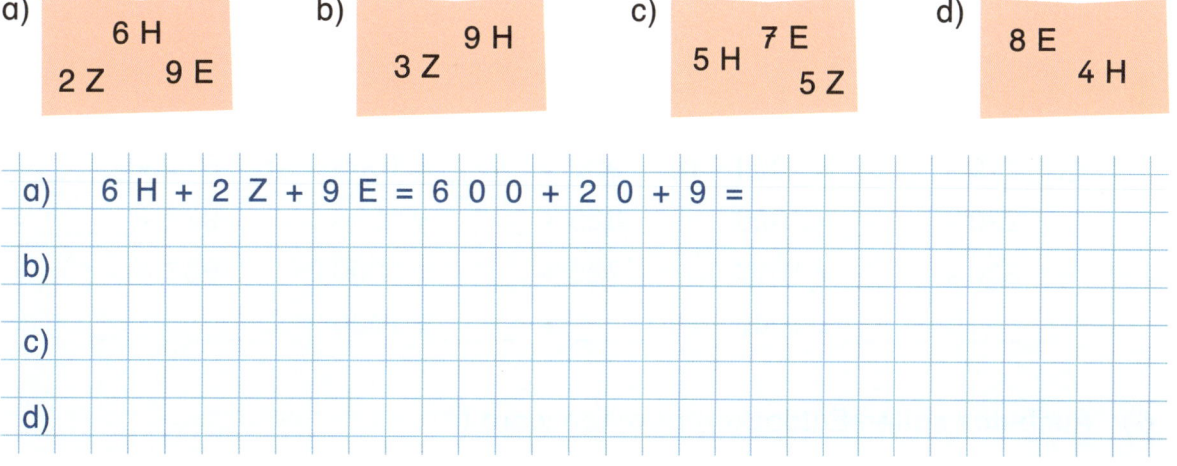

a) 6 H + 2 Z + 9 E = 6 0 0 + 2 0 + 9 =

b)

c)

d)

5 Welche Zahlen können es sein?

Die Zahl ist ungerade und hat doppelt so viele
Hunderter wie Einer. Die Zahl hat 4 Zehner.   _____ _____

Fredo 3 Mathematik – Arbeitsheft © 2016 Cornelsen Schulverlage GmbH, Berlin

1 Zerlege die Zahlen.

a)
| 4 | 2 | 8 | = | 4 H | + | 2 Z | + | 8 E |
| 4 | 2 | 8 | = | 4 0 0 | + | | + | |

b)
| 2 | 8 | 4 | = | |
| 2 | 8 | 4 | = | |

c)
| 7 | 3 | 0 | = | |
| 7 | 3 | 0 | = | |

d)
| 7 | 0 | 3 | = | |
| 7 | 0 | 3 | = | |

2 Wie heißt die Zahl?

a) 800 + 10 + 9 = _____   b) 300 + 50 + 6 = _____   c) 30 + 200 + 3 = _____

800 + 90   = _____   300 + 6   = _____   7 + 300   = _____

800 + 1 + 10 = _____   300 + 60 + 5 = _____   20 + 3 + 700 = _____

3 Rechne.

a) 370 + 30 + 400 = _____   b) 680 + 20 + 125 = _____

260 + 40 + 200 = _____   790 + 10 + 99 = _____

620 + 80 + 250 = _____   550 + 50 + 333 = _____

4 Immer 1000

a) 300 + _____   b) 250 + _____   c) 820 + _____   d) 962 + _____

600 + _____   750 + _____   560 + _____   987 + _____

900 + _____   650 + _____   490 + _____   904 + _____

5 Entdeckerpäckchen: Setze fort.

a) 110 + _____ = 1000   b) 925 + _____ = 1000   c) 911 + _____ = 1000

220 + _____ = 1000   825 + _____ = 1000   922 + _____ = 1000

330 + _____ = 1000   725 + _____ = 1000   933 + _____ = 1000

_____ + _____ = 1000   _____ + _____ = 1000   _____ + _____ = 1000

6 Auch das sollen Entdeckerpäckchen werden.

a) 125 + _____ = 1000   b) 70 + _____ = 1000   c) _____ + 909 = 1000

_____ + _____ = 1000   _____ + _____ = 1000   _____ + 808 = 1000

175 + _____ = 1000   _____ + _____ = 1000   _____ + 707 = 1000

200 + _____ = 1000   280 + _____ = 1000   _____ + _____ = 1000

Fredo 3 Mathematik – Arbeitsheft © 2016 Cornelsen Schulverlage GmbH, Berlin

1 Ergänze die Zahlen in den markierten Feldern.

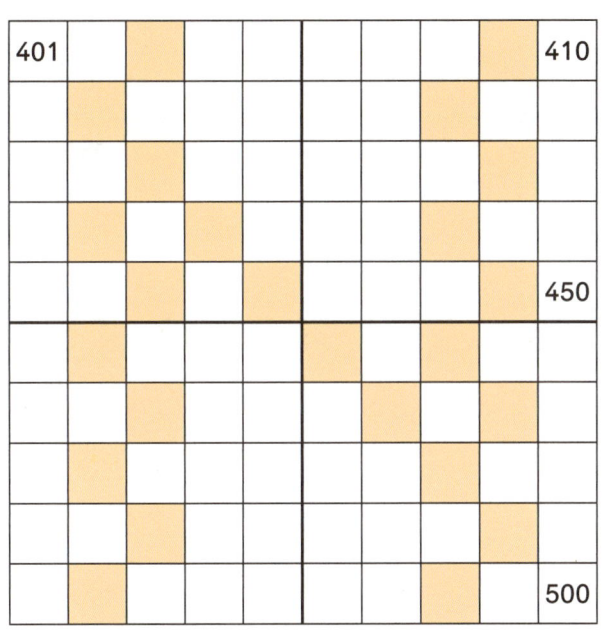

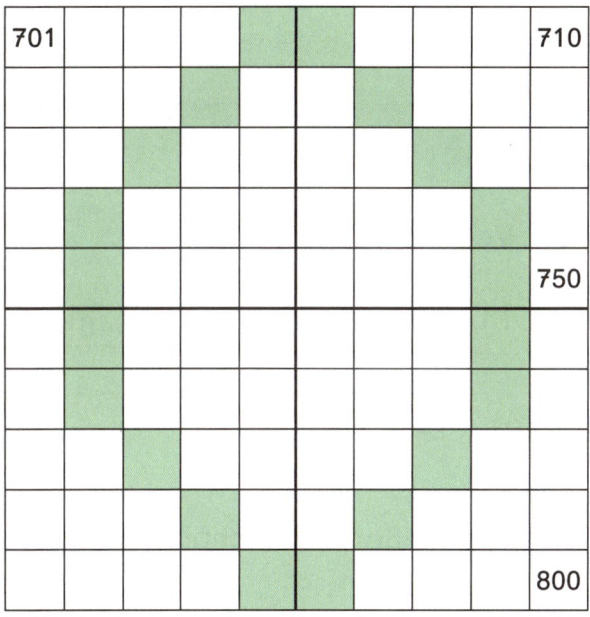

2 Schreibe zu den beiden Hundertertafeln **alle** Zahlen auf, …

a) … bei denen an der Zehnerstelle eine 6 steht.

_____ , _____ , _____ , _____ , _____ , _____ , _____ , _____ , _____ , _____

_____ , _____ , _____ , _____ , _____ , _____ , _____ , _____ , _____ , _____

b) … bei denen an der Einerstelle eine 3 steht.

_____ , _____ , _____ , _____ , _____ , _____ , _____ , _____ , _____ , _____

_____ , _____ , _____ , _____ , _____ , _____ , _____ , _____ , _____ , _____

c) … die an der Einerstelle und an der Zehnerstelle gleiche Ziffern haben.

_____ , _____ , _____ , _____ , _____ , _____ , _____ , _____ , _____ , _____

_____ , _____ , _____ , _____ , _____ , _____ , _____ , _____ , _____ , _____

d) … bei denen die Zehner doppelt so groß sind wie die Einer.

_____ , _____ , _____ , _____

_____ , _____ , _____ , _____

e) … die an der Einerstelle und an der Hunderterstelle gleiche Ziffern haben.

_____ , _____ , _____ , _____ , _____ , _____ , _____ , _____ , _____ , _____

_____ , _____ , _____ , _____ , _____ , _____ , _____ , _____ , _____ , _____

1 Trage die Zahlen ein.

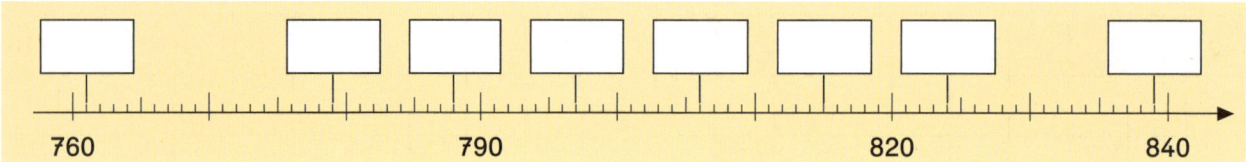

2 Verbinde.

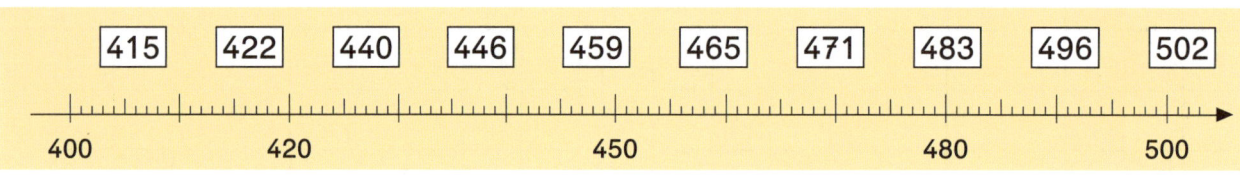

3 Wie heißen die Nachbarzehner?

_____ 415 _____   _____ 422 _____   _____ 446 _____   _____ 459 _____

4 Wie heißen die Nachbarzehner?
Kreise die Zehnerzahl ein, die näher an der Zahl liegt.

720 726 730   _____ 341 _____   _____ 823 _____   _____ 598 _____

_____ 704 _____   _____ 348 _____   _____ 997 _____   _____ 302 _____

5 Setze richtig ein: $>$, $<$, $=$

470 ◯ 740   732 ◯ 723   395 ◯ 593   580 ◯ 850

630 ◯ 630   369 ◯ 396   501 ◯ 150   464 ◯ 446

6 Welche Zahl könnte es sein? Trage ein.

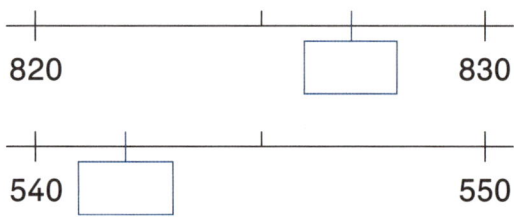
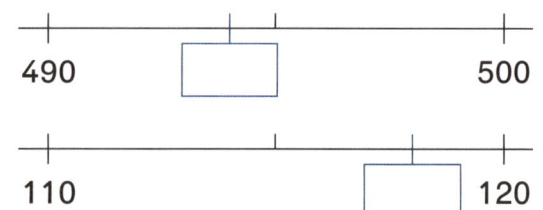

7 Wie heißt die Zahl in der Mitte? Trage ein.

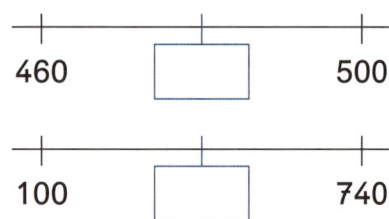
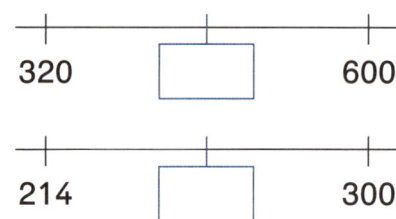

Fredo 3 Mathematik – Arbeitsheft © 2016 Cornelsen Schulverlage GmbH, Berlin

Rechnen im Kopf

1 Lege und rechne.

a)   3 +   4 = _____
     30 + 40 = _____
  300 + 400 = _____

b)   2 +   7 = _____
   20 + 70 = _____
 200 + 700 = _____

c)   8 –   5 = _____
  80 – 50 = _____
 800 – 500 = _____

2 Rechne.

a) 23 + 5 = _____
 423 + 5 = _____
  23 + 50 = _____
 423 + 50 = _____

b) 67 + 8 = _____
 767 + 8 = _____
  67 + 80 = _____
 767 + 80 = _____

c) 73 – 6 = _____
 573 – 6 = _____
  73 – 60 = _____
 573 – 60 = _____

3 Rechne die Aufgabenpaare.

a) 8 + 6 = _____
 80 + 60 = _____

b) 6 +   9 = _____
 60 + ___ = _____

c)   7 +   5 = _____
 ___ + ___ = _____

d) 5 – 2 = _____
 50 – 20 = _____

e) 7 – 6 = _____
 70 – ___ = _____

f)   8 –   3 = _____
 ___ – ___ = _____

4 Bilde mit den Aufgaben zwei Entdeckerpäckchen.

200 + 550   200 + 750   500 + 300
200 + 150   700 + 300   300 + 300   100 + 300   200 + 350

a) _____ + _____ = _____
   _____ + _____ = _____
   _____ + _____ = _____
   _____ + _____ = _____

b) _____ + _____ = _____
   _____ + _____ = _____
   _____ + _____ = _____
   _____ + _____ = _____

5 Zahlenrätsel

Ich addiere zu meiner Zahl 250 und subtrahiere dann 30. Ich erhalte 720.

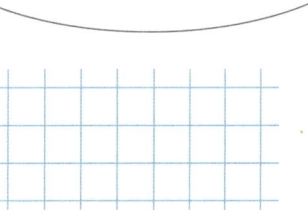

Wenn ich von meiner Zahl 200 subtrahiere, dann 130 addiere und das Ergebnis verdopple, erhalte ich 680.

Die Zahl heißt _____.

Die Zahl heißt _____.

1 Über und unter 100: Rechne.

97 + ___ = 102   98 + ___ = 106   101 − ___ = 95   106 − ___ = 98
94 + ___ = 101   92 + ___ = 101   105 − ___ = 99   103 − ___ = 95

2 Über und unter den Hunderter: Rechne.

697 + ___ = 706   898 + ___ = 908   603 − ___ = 597   206 − ___ = 198
394 + ___ = 402   396 + ___ = 401   905 − ___ = 896   703 − ___ = 696
199 + ___ = 207   496 + ___ = 504   401 − ___ = 396   510 − ___ = 498

3 Markiere: Was verändert sich von Aufgabe zu Aufgabe?

70 + 40 = 110   50 + ___ = 110   140 − ___ = 70   180 − ___ = 90
73 + 40 = 113   50 + ___ = 115   120 − ___ = 70   185 − ___ = 95
73 + 42 = 115   50 + ___ = 135   125 − ___ = 70   185 − ___ = 92
73 + ___ = 121   50 + ___ = 141   125 − ___ = 68   185 − ___ = 89

4 Rechne.

+	70	73	78
60			
64			
67			

−	60	61	65
120			
125			
130			

−	90	92	94
180			
185			
182			

5 Verdopple und halbiere.

53	55	62	72	68	87	79					
106							98	128	188	112	132	150

6 Zerlege in zwei aufeinanderfolgende Zahlen.

143 = 71 + 72   153 = 76 + ___   129 = ___ + ___   115 = ___ + ___
169 = ___ + ___   185 = ___ + ___   107 = ___ + ___   131 = ___ + ___

Fredo 3 Mathematik – Arbeitsheft © 2016 Cornelsen Schulverlage GmbH, Berlin

1 Wie viel Euro sind es?

a)  _____ €

b)  _____ €

c)  _____ €

d)  _____ €

2 Wie viel Euro sind es?

a)  _____ €

b)  _____ €

c)  _____ €

d)  _____ €

3 Immer 500 Euro: Lege und zeichne nur mit Scheinen.

500	1 Schein
	_____ Scheine
	_____ Scheine
	_____ Scheine
	_____ Scheine

4 Lege und zeichne mit möglichst wenigen Scheinen und Münzen.

212 €	312 €	353 €	795 €

5 Immer 700 Euro

4 Scheine, 3 davon sind gleich	4 Scheine, 2 davon sind gleich	5 Scheine, 4 davon sind gleich	6 Scheine, 5 davon sind gleich

1 Trage die Preise in die Tabelle ein.

€		ct		
1	2	0	0	12,00 €
				_____ €
				_____ €
				_____ €
				_____ €
				_____ €

2 Schreibe in Euro und Cent.

Denke daran:
100 ct = 1 €.

a) 15,97 € = ____ € ____ ct   b) 900 ct = ____ € ____ ct

63,03 € = ____ € ____ ct   870 ct = ____ € ____ ct

0,75 € = ____ € ____ ct   555 ct = ____ € ____ ct

10,10 € = ____ € ____ ct   104 ct = ____ € ____ ct

3 Lege die Beträge mit deinem Rechengeld. Verdopple.

1 Stück kostet	5 €	5,20 €	5,40 €	10 €	10,15 €	10,50 €	10,55 €
2 Stück kosten							

4 Ergänze die Tabelle.

1 Stück kostet	9,50 €
2 Stück kosten	
3 Stück kosten	
4 Stück kosten	
5 Stück kosten	
8 Stück kosten	
10 Stück kosten	

5 Ergänze die Tabelle.

1 Stück kostet	
2 Stück kosten	
3 Stück kosten	
4 Stück kosten	13,00 €
5 Stück kosten	
8 Stück kosten	
10 Stück kosten	

6 Ordne die Preise der Größe nach. Beginne mit dem niedrigsten Preis.

3,03 €	33 €	30 € 3 ct	30,30 €	330 ct	33 ct

_____, _____, _____, _____, _____, _____

Fredo 3 Mathematik – Arbeitsheft © 2016 Cornelsen Schulverlage GmbH, Berlin

1 Jana hat nach einer Stunde 4 Spiele für je 3 Euro und 2 Bücher für je 4,50 Euro verkauft.
Wie viel Euro hat sie insgesamt eingenommen?

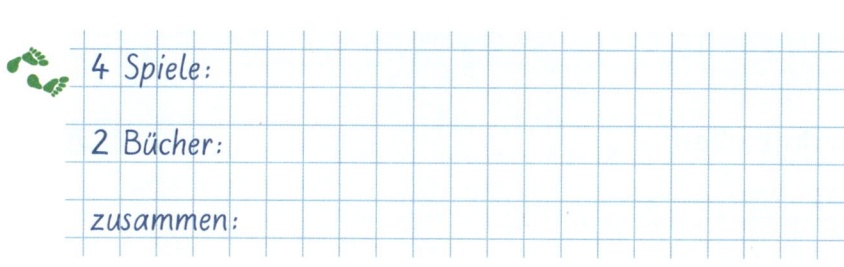

4 Spiele:

2 Bücher:

zusammen:

Antwort: Sie hat insgesamt _____ eingenommen.

2 Robin hat 3 Bücher für je 4 Euro, 5 CDs für je 3 Euro und 2 Autos für je 3,50 Euro verkauft.
Wie viel Euro hat er insgesamt eingenommen?

3 Bücher:

5 CDs:

2 Autos:

zusammen:

Antwort: Er hat insgesamt _____ eingenommen.

3 Ali hat nach einiger Zeit 2 Konsolenspiele für je 8 Euro, 3 CDs für je 2 Euro, 2 Kartenspiele für je 1,50 Euro und einige Autos für je 2 Euro verkauft. In seiner Kasse sind 33 Euro. Wie viele Autos hat Ali verkauft?

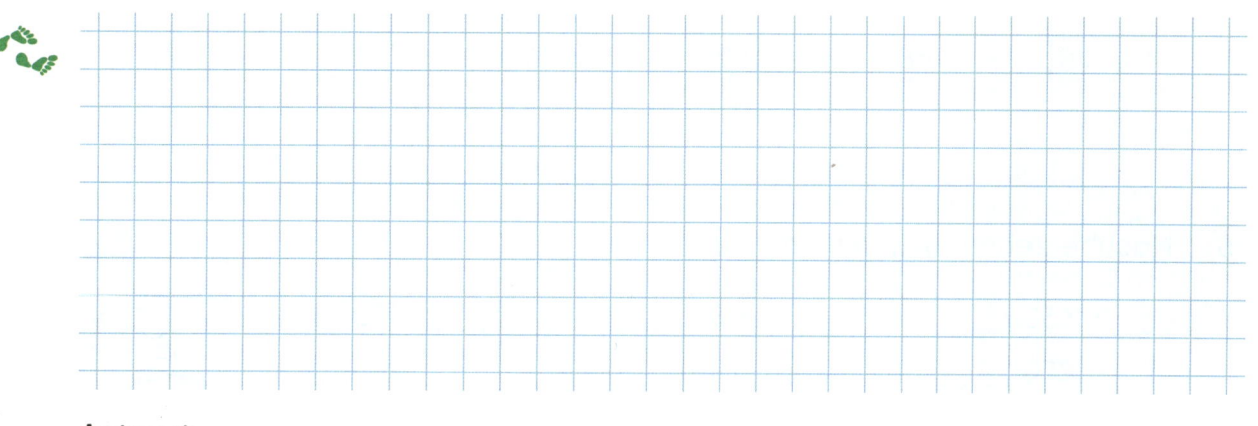

Antwort: _____

Fredo 3 Mathematik – Arbeitsheft © 2016 Cornelsen Schulverlage GmbH, Berlin

Kannst du das? 2

1 Zahlwörter lesen und schreiben

siebenhundertneunundfünfzig _____

vierhundertacht _____

zweihundertsechsunddreißig _____

dreihunderteinundsiebzig _____

2 Zahlen unterschiedlich darstellen

a)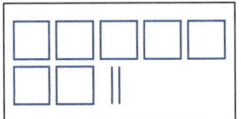

T	H	Z	E

T	H	Z	E

b)

T	H	Z	E
	9	0	6

T	H	Z	E
	3	8	7

c)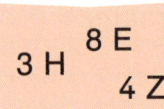

6 H
5 Z
2 E

3 H   8 E
   4 Z

_____   _____

d)

9 E
7 H

1 H
2 Z

_____   _____

3 Bis 1000 ergänzen

220 + _____ = 1000   240 + _____ = 1000   260 + _____ = 1000

670 + _____ = 1000   680 + _____ = 1000   690 + _____ = 1000

4 Zahlen am Zahlenstrahl ablesen und zuordnen

670   700   730

| 675 | 680 | 692 | 703 | 717 | 721 |

5 Nachbarzehner bestimmen

_____ 456 _____   _____ 681 _____   _____ 570 _____

_____ 253 _____   _____ 799 _____   _____ 800 _____

_____ 389 _____   _____ 309 _____   _____ 710 _____

Fredo 3 Mathematik – Arbeitsheft © 2016 Cornelsen Schulverlage GmbH, Berlin

6 Über und unter den Hunderter rechnen

a) 596 + 7 = _____   498 + 9 = _____   690 + 16 = _____

305 − 8 = _____   807 − 9 = _____   403 − 6 = _____

b) 399 + ___ = 408   696 + ___ = 703   897 + ___ = 905

502 − ___ = 496   806 − ___ = 797   404 − ___ = 397

7 In Tabellen rechnen

+	50	53	57
70			
74			

−	80	85	89
140			
143			

−	90	92	98
360			
361			

8 Geldbeträge mit möglichst wenigen Scheinen und Münzen darstellen

214 €   356 €   409 €   676 €

9 In Euro und Cent schreiben

4,70 € = _____

3,25 € = _____

5,55 € = _____

2,08 € = _____

10 Mit Komma schreiben

1 € 17 ct = _____

7 € 20 ct = _____

40 ct = _____

5 € 4 ct = _____

11 Sachaufgaben in Schritten lösen

Noemi kauft auf dem Flohmarkt 4 CDs für je 2,50 Euro und 3 Spiele für je 3,50 Euro. Sie hat 25 Euro dabei. Wie viel Euro bleiben übrig?

Antwort: _____

1 Zeichne das passende Spiegelbild.

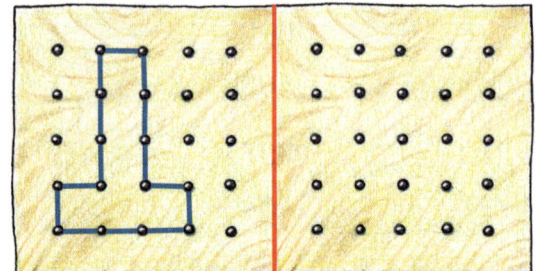 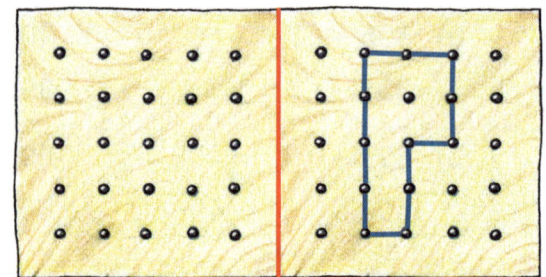

 2 Zeichne das passende Spiegelbild.

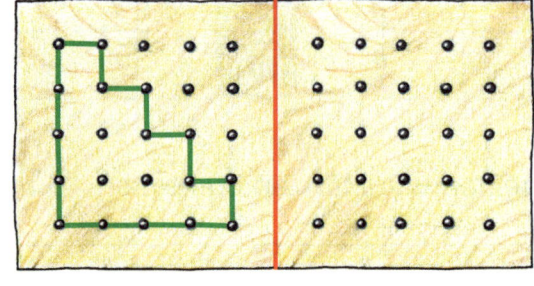 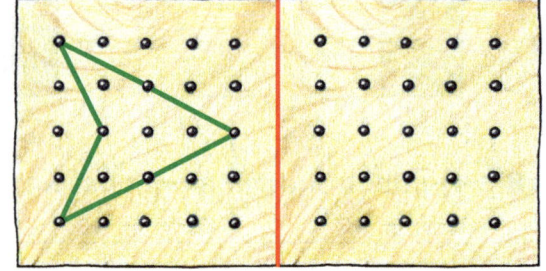

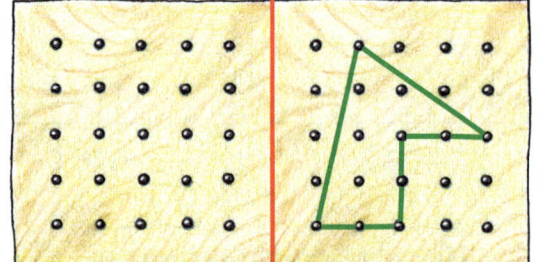 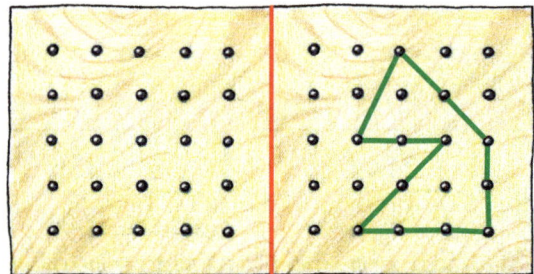

 3 Nun ist die untere oder die obere Brettkante die Spiegelachse.
Zeichne jeweils das Spiegelbild.

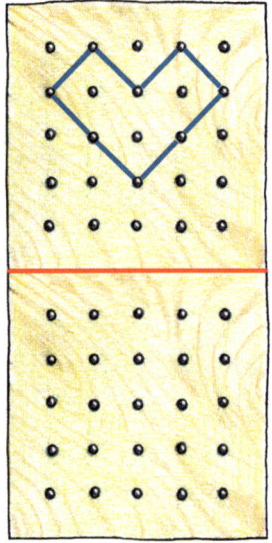 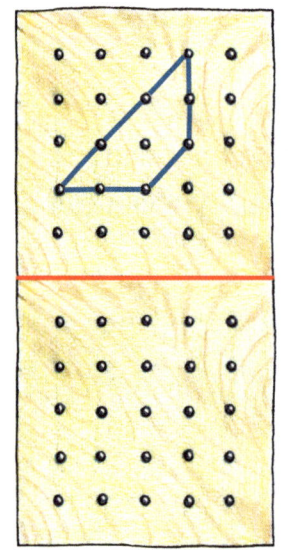 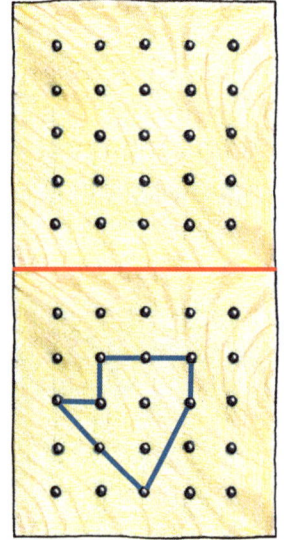 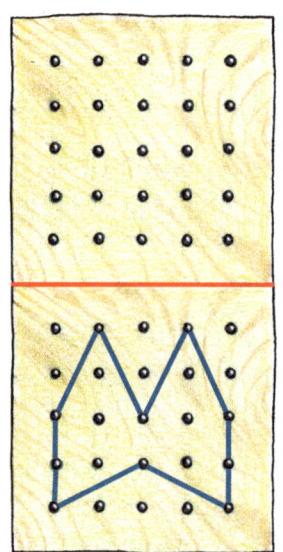

Fredo 3 Mathematik – Arbeitsheft © 2016 Cornelsen Schulverlage GmbH, Berlin

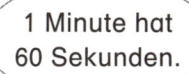
1 Immer 1 Minute: Ergänze.

1 Minute hat 60 Sekunden.

a) 40 s + _____ s   b) 30 s + _____ s   c) 20 s + _____ s

41 s + _____ s   32 s + _____ s   23 s + _____ s

42 s + _____ s   34 s + _____ s   26 s + _____ s

2 Immer 1 Minute

a) Wie viele Sekunden fehlen?

38 s + _____ s   47 s + _____ s

11 s + _____ s   26 s + _____ s

55 s + _____ s   4 s + _____ s

b) Wie viele Sekunden sind zu viel?

80 s – _____ s   100 s – _____ s

85 s – _____ s   110 s – _____ s

90 s – _____ s   150 s – _____ s

3 Ein Pferd hat einen Ruhepuls von 40 Schlägen in der Minute.
Der Ruhepuls eines erwachsenen Menschen ist doppelt so hoch.
Wie hoch ist der Ruhepuls eines Menschen?

Antwort: _____

4 Justus misst seinen Puls. Er schlägt 80-mal in einer Minute. Anschließend
rennt er eine Runde um den Sportplatz. Danach zählt er 52 Schläge mehr
in der Minute als vorher. Wie oft schlägt der Puls nach dem Lauf?

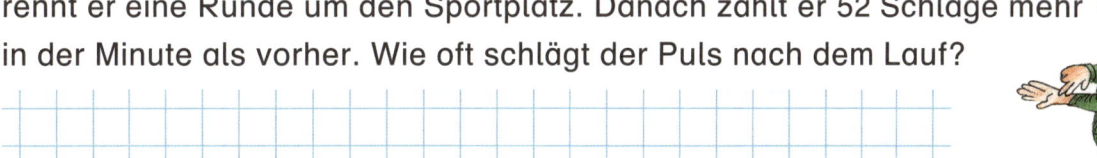

Antwort: _____

5 Jette läuft 800 Meter in 4 Minuten 34 Sekunden.
Emine ist 17 Sekunden langsamer.
Wie lange braucht Emine für diese Strecke?

Antwort: _____

6 Tobi schafft beim Inlineskaten in 2 Minuten eine Strecke von 500 Metern.
Jan ist 25 Sekunden schneller. Wie lange braucht Jan für die 500 Meter?

Antwort: _____

1 Welcher Kreisel ist gemeint?

A	B	C	D

Es ist sicher, dass der Kreisel auf eine blaue Seite fällt. _____

Es ist unmöglich, dass der Kreisel auf eine blaue Seite fällt. _____

Die Chance, dass der Kreisel auf eine rote Seite fällt, ist
genauso groß wie die Chance, dass er auf eine blaue Seite fällt. _____

Die Chance ist groß, dass der Kreisel auf eine rote Seite fällt. _____

2 Färbe jeden Kreisel so ein,
dass die Aussage stimmt.

Manchmal gibt es mehrere Möglichkeiten.

a) 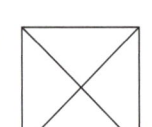 Es ist sicher, dass der Kreisel auf eine rote Seite fällt.

b) 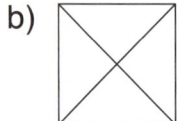 Es ist möglich, dass der Kreisel auf eine rote oder eine blaue Seite fällt.

c) Es ist unmöglich, dass der Kreisel auf eine rote Seite fällt.

d) 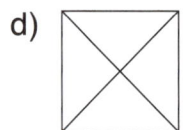 Die Chance ist groß, dass der Kreisel auf eine blaue Seite fällt.

3 Färbe das Glücksrad so ein, dass
die folgenden Aussagen stimmen.

▶ Die Gewinnchance für Rot
ist am größten.

▶ Die Gewinnchancen für Grün
und Blau sind gleich groß.

▶ Gelb hat keine Chance
zu gewinnen.

▶ Die Gewinnchance für Braun
ist klein.

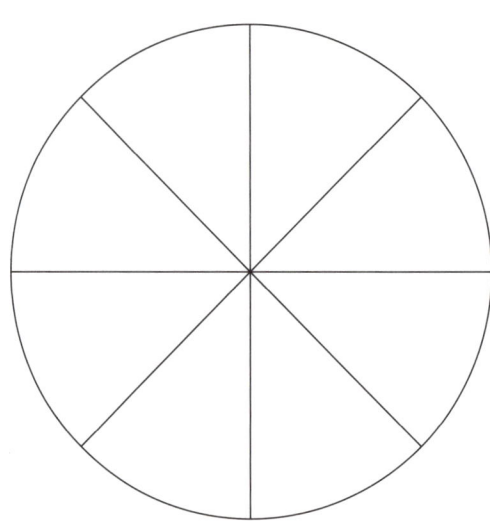

Fredo 3 Mathematik – Arbeitsheft © 2016 Cornelsen Schulverlage GmbH, Berlin

1 Löse die Aufgaben am Rechenstrich.

546 + 423 = _____

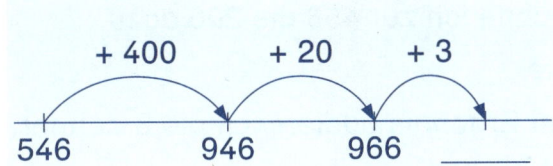

364 + 525 = _____

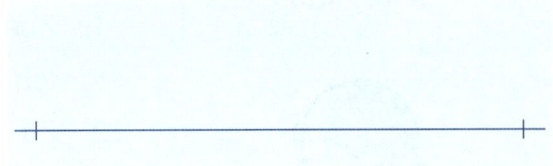

246 + 428 = _____

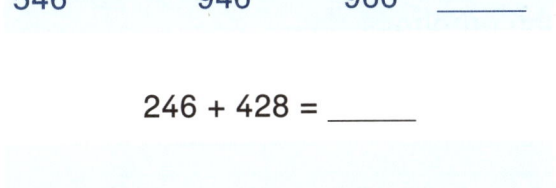

295 + 427 = _____

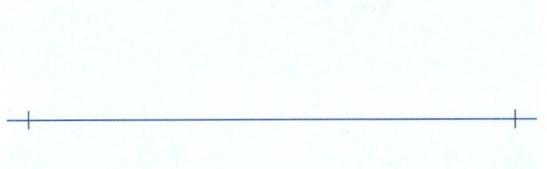

2 Rechne auf deinem Weg.

373 + 217 = _____

563 + 326 = _____

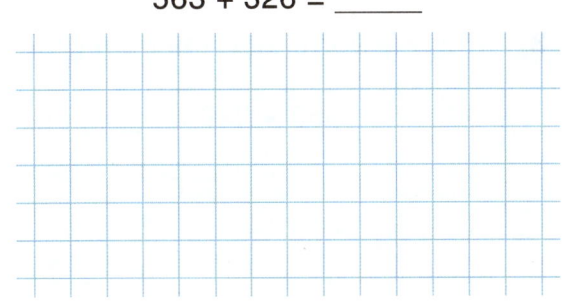

563 + 317 = _____

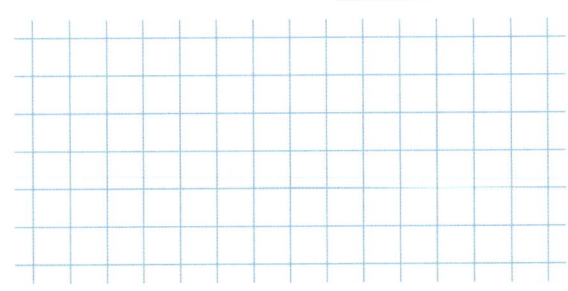

247 + 637 = _____

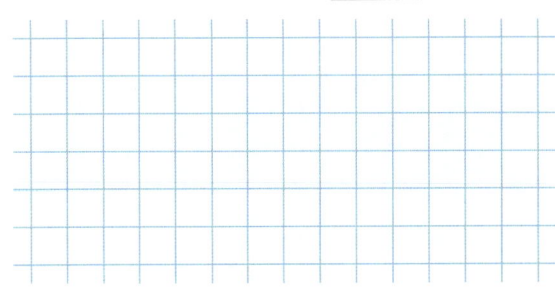

349 + 427 = _____

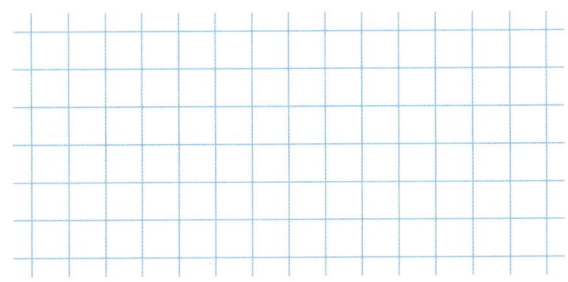

448 + 128 = _____

Fredo 3 Mathematik – Arbeitsheft © 2016 Cornelsen Schulverlage GmbH, Berlin

1 Justus' Rechenweg: Setze die passenden Zahlen ein.

456 + 237

Ich rechne in drei Schritten:

1. Zuerst rechne ich zur 456 die 200 dazu.
   Ich erhalte _____.

2. Zu diesem Ergebnis addiere ich die 3 Zehner, also 30. Ich erhalte _____.

3. Zum Schluss addiere ich noch die _____ Einer.
   Als Endergebnis erhalte ich _____.

2

a) 299 + _____ = 300   356 + 300 = _____   356 + 300 − 1 = _____

b) 198 + _____ = 200   638 + 200 = _____   638 + 200 − 2 = _____

c) 397 + _____ = 400   265 + 400 = _____   265 + 400 − 3 = _____

3 Rechne vorteilhaft mit dem grünen Koffer am Rechenstrich.

563 + 298 = _____   463 + 299 = _____

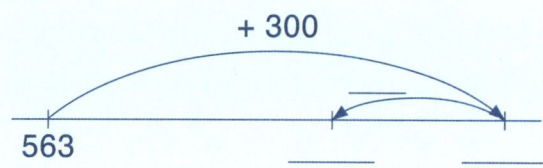

+ 300

563

364 + 498 = _____   246 + 697 = _____

4 Finde eine weitere Aufgabe, die du vorteilhaft mit dem grünen Koffer lösen kannst. Begründe.

_____

_____

_____

Fredo 3 Mathematik – Arbeitsheft © 2016 Cornelsen Schulverlage GmbH, Berlin

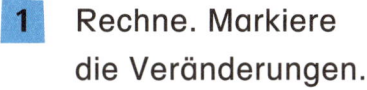
1 Rechne. Markiere die Veränderungen.

300 + 300 = 600
3**5**0 + 300 = 6**5**0
35**6** + 300 = _____
356 + 3**2**0 = _____
356 + 32**3** = _____
356 + 32**4** = _____
356 + 3**5**4 = _____

2 Von leicht nach schwer: Ordne und rechne. Markiere die Veränderungen.

648 + 235
648 + 230
640 + 200
648 + 200
648 + 231
648 + 265
~~600 + 200~~

<u>600</u> + <u>200</u> = _____
_____ + _____ = _____
_____ + _____ = _____
_____ + _____ = _____
_____ + _____ = _____
_____ + _____ = _____
_____ + _____ = _____

3 Rechne.

a)   **53** + **16** = _____
    453 + **16** = _____
    453 + **2**16 = _____

b)   **37** + **61** = _____
    837 + **61** = _____
    837 + **1**61 = _____

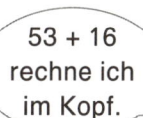 53 + 16 rechne ich im Kopf.

4 Rechne.

+	90	192	298
180			
380			
382			

+	64	92	99
270			
278			
578			

5 Rechne.

+			399
140	320		
245		527	
			648

6 Welche Fehler hat Tim gemacht? Verbinde und korrigiere.

334 + 540 = ~~974~~ _____)

637 + 205 = 837 _____)

675 + 214 = 885 _____)

427 + 435 = 852 _____)

356 + 218 = 564 _____)

243 + 253 = 596 _____)

(Tim hat vergessen, die Einer zu addieren.

(Tim hat sich bei den Hundertern verrechnet.

(Tim hat bei den Zehnern nicht an die Stellenüberschreitung gedacht.

7 Entdeckerpäckchen: Setze fort.

a)   467 + 200 = _____
    465 + 203 = _____
    463 + 206 = _____
    _____ + _____ = _____

b)   515 + 175 = _____
    520 + 180 = _____
    525 + 185 = _____
    _____ + _____ = _____

1 Löse die Aufgaben am Rechenstrich.

546 – 423 = _____

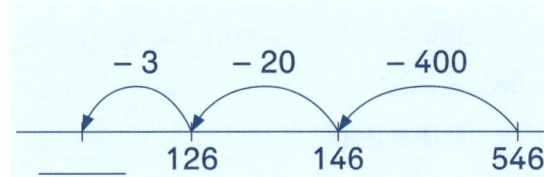

764 – 525 = _____

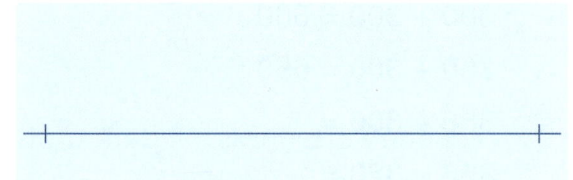

846 – 428 = _____

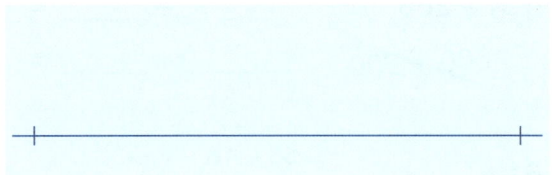

664 – 327 = _____

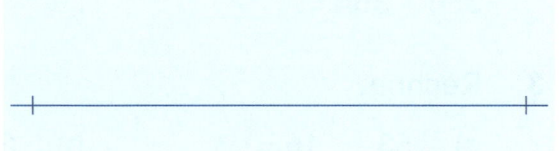

2 Rechne auf deinem Weg.

373 – 217 = _____

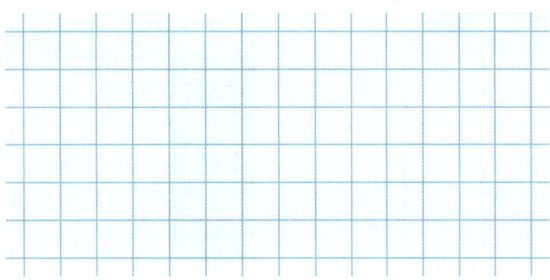

563 – 326 = _____

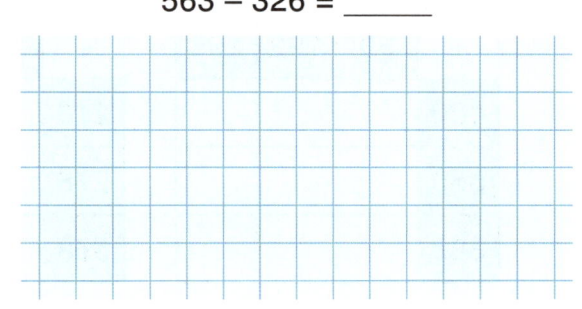

554 – 236 = _____

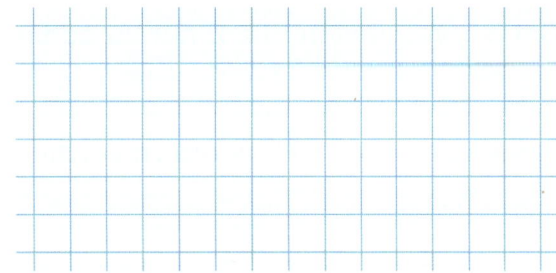

645 – 533 = _____

742 – 427 = _____

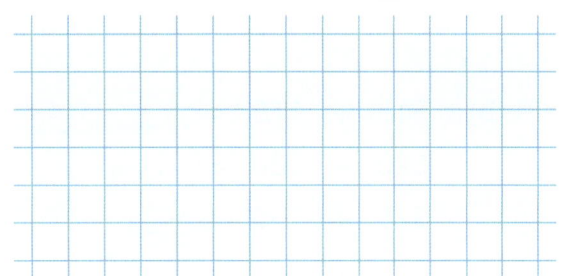

747 – 422 = _____

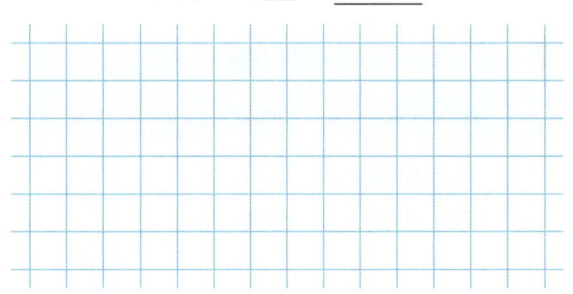

Fredo 3 Mathematik – Arbeitsheft © 2016 Cornelsen Schulvertage GmbH, Berlin

1 a) $299 + \underline{\quad} = 300$ $542 - 300 = \underline{\quad}$ $542 - 300 + 1 = \underline{\quad}$

    b) $198 + \underline{\quad} = 200$ $434 - 200 = \underline{\quad}$ $434 - 200 + 2 = \underline{\quad}$

    c) $397 + \underline{\quad} = 400$ $678 - 400 = \underline{\quad}$ $678 - 400 + 3 = \underline{\quad}$

2 Rechne vorteilhaft mit dem grünen Koffer am Rechenstrich.

$563 - 298 = \underline{\quad}$ $563 - 299 = \underline{\quad}$

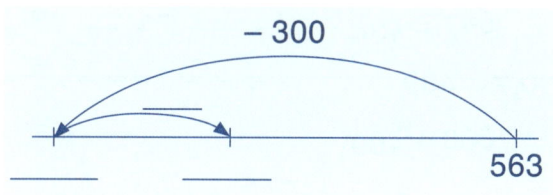

$864 - 498 = \underline{\quad}$ $646 - 397 = \underline{\quad}$

3 Fülle die Lücken richtig aus. $725 - 398 = \underline{\quad}$

Ich rechne die Aufgabe mit dem ☐ Koffer.

Die 398 liegt ☐ bei der 400. Sie ist nur um 2 ☐ als ☐.

Deshalb rechne ich zuerst $725 - 400 = 325$. Das kann ich im ☐

rechnen. Ich habe aber ☐ Einer zu ☐ abgezogen.

Diese 2 Einer muss ich jetzt wieder ☐.

2   400   grünen   viel   nah   kleiner   Kopf   addieren

4 Ergänze.

$582 + \underline{\quad} = 603$ $385 + \underline{\quad} = 402$

$778 + \underline{\quad} = 804$ $276 + \underline{\quad} = 304$

$694 + \underline{\quad} = 715$ $885 + \underline{\quad} = 912$

$483 + \underline{\quad} = 512$ $778 + \underline{\quad} = 822$

5 Schau genau und ergänze.

$702 - 685 = 712 - \underline{\quad}$

$925 - 887 = \underline{\quad} - 885$

$537 - \underline{\quad} = 547 - 498$

$\underline{\quad} - 376 = 412 - 379$

1   Rechne. Markiere die Veränderungen.

900 − 300 = 600
950 − 300 = 650
956 − 300 = _____
956 − 320 = _____
956 − 324 = _____
956 − 328 = _____
956 − 358 = _____

2   Von leicht nach schwer: Ordne und rechne. Markiere die Veränderungen.

647 − 469
647 − 430
640 − 400
647 − 400
647 − 434
647 − 439
600 − 400

_____ − _____ = _____
_____ − _____ = _____
_____ − _____ = _____
_____ − _____ = _____
_____ − _____ = _____
_____ − _____ = _____
_____ − _____ = _____

3   Rechne.

a)   89 − 65 = _____
489 − 65 = _____
489 − 365 = _____

b)   57 − 23 = _____
857 − 23 = _____
857 − 423 = _____

 89 − 65 rechne ich im Kopf.

4   Rechne.

−	90	92	98
280			
380			
382			

−	160	190	198
570			
574			
874			

5   Rechne.

−			399
540	320		
745		422	
			548

6   Welche Fehler hat Pia gemacht? Verbinde und korrigiere.

564 − 320 = ~~144~~ _____)
437 − 228 = 211 _____)
626 − 205 = 426 _____)
745 − 416 = 331 _____)
820 − 457 = 370 _____)
938 − 526 = 312 _____)

(Pia hat vergessen, die Einer zu subtrahieren.

(Pia hat sich bei den Hundertern verrechnet.

(Pia hat bei den Einern die Rechenrichtung nicht eingehalten.

7   Entdeckerpäckchen: Setze fort.

a)   538 − 217 = _____
536 − 214 = _____
534 − 211 = _____
_____ − _____ = _____

b)   495 − 155 = _____
490 − 160 = _____
485 − 165 = _____
_____ − _____ = _____

Fredo 3 Mathematik – Arbeitsheft © 2016 Cornelsen Schulverlage GmbH, Berlin

1 Fülle die leeren Felder im pascalschen Dreieck weiter aus. Wie weit kommst du?

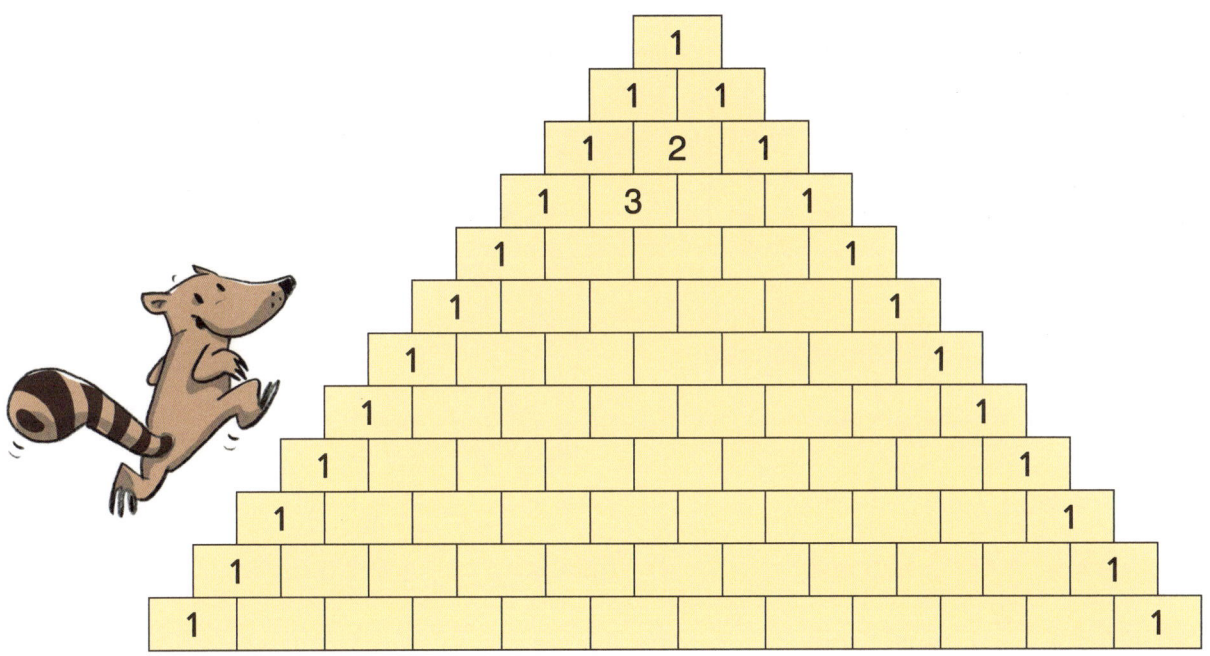

2 Ausschnitte aus dem pascalschen Dreieck. Ergänze die fehlenden Zahlen.

28	8

36	84

	35
70	

35	
	56

45	
165	

56	
	84

	120
330	

	56
	126

3 Ausschnitte aus dem pascalschen Dreieck. Ergänze die fehlenden Zahlen.

126	
210	

462	
792	

495	
715	

286	
364	

165	
495	

462	
924	

1 Spiegelbilder zeichnen

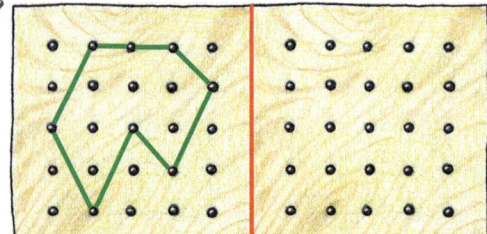 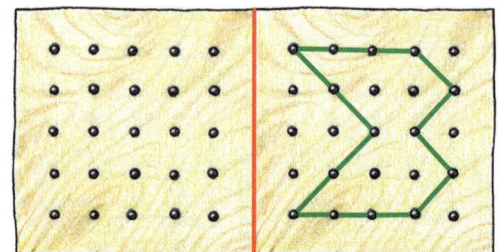

2 Sekunden auf 1 Minute ergänzen

a) 45 s + _____ s = 1 min   b) 36 s + _____ s = 1 min

c) 17 s + _____ s = 1 min   d) 29 s + _____ s = 1 min

e)   8 s + _____ s = 1 min   f) 56 s + _____ s = 1 min

g) 20 s + _____ s = 1 min   h) 12 s + _____ s = 1 min

3 Sachaufgaben mit Größen lösen

Lars läuft 1000 Meter in 5 Minuten 55 Sekunden.
Ben ist 19 Sekunden langsamer.
Wie lange braucht Ben für die 1000 Meter?

Antwort: _____

4 Glücksräder zuordnen

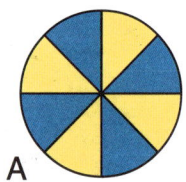   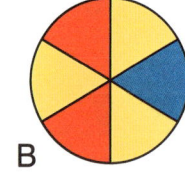   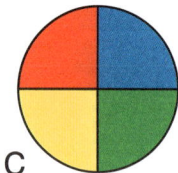   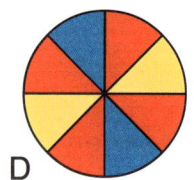   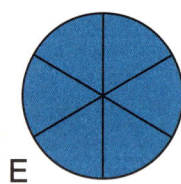

A   B   C   D   E

Ordne den Aussagen die passenden Glücksräder zu.

a) Es ist unmöglich, dass Rot gewinnt. _____

b) Es ist möglich, dass Grün gewinnt. _____

c) Die Gewinnchancen für Blau und Gelb sind gleich groß. _____

d) Die Gewinnchancen für Rot sind größer als für Blau. _____

Fredo 3 Mathematik – Arbeitsheft © 2016 Cornelsen Schulverlage GmbH, Berlin

5 Aufgaben auf eigenem Weg lösen

a) 467 + 236 = _____   b) 653 – 336 = _____

374 + 598 = _____   803 – 795 = _____

264 + 248 = _____   847 – 499 = _____

6 In Tabellen rechnen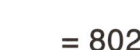

+	70	172	178
260			
560			
564			
764			

–	140	180	187
870			
876			
976			
986			

7 Ergänzen

789 + _____ = 802
693 + _____ = 716
475 + _____ = 504
586 + _____ = 609
378 + _____ = 401
895 + _____ = 910
283 + _____ = 303

Fredo 3 Mathematik – Arbeitsheft © 2016 Cornelsen Schulverlage GmbH, Berlin

1 Male Seiten, die sich im Würfel gegenüberliegen, in der gleichen Farbe an.

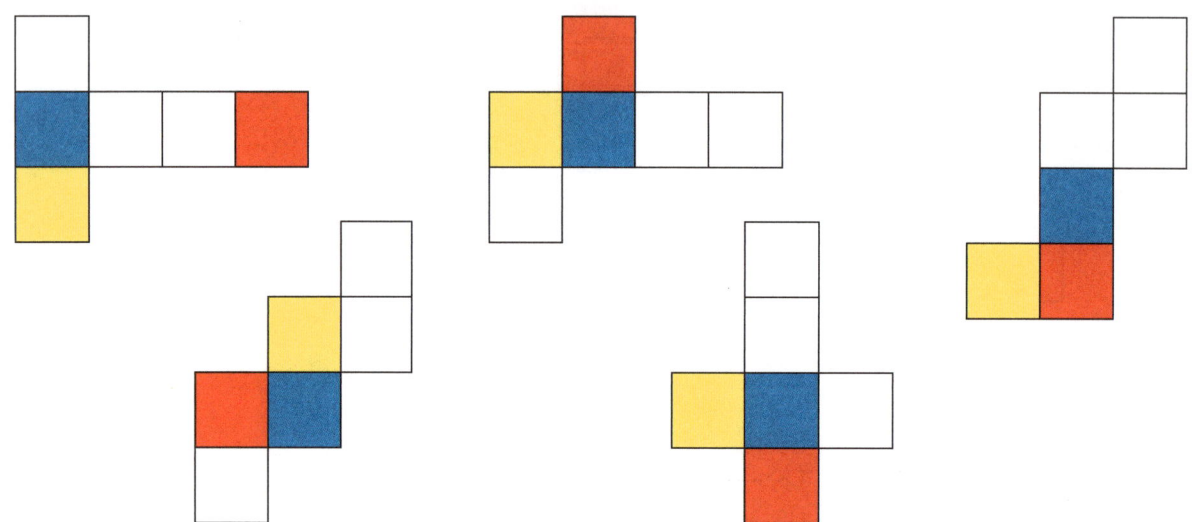

2 Male Seiten, die sich im Würfel gegenüberliegen, in der gleichen Farbe an.

3 Welches Würfelnetz passt zu welchem Würfel? Verbinde. Ein Netz bleibt übrig.

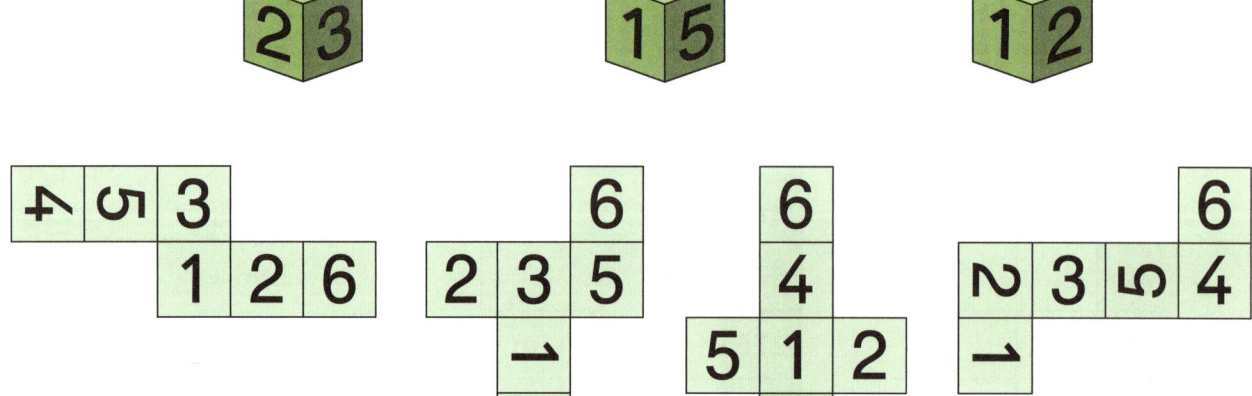

Fredo 3 Mathematik – Arbeitsheft © 2016 Cornelsen Schulverlage GmbH, Berlin

1 Verschiedene Schreibweisen: Ergänze.

4 m 23 cm	1 m 98 cm	5 m 5 cm				
423 cm	198 cm		568 cm	707 cm		
4,23 m					6,70 m	0,09 m

5,25 m	3,17 m	1,05 m				
525 cm					999 cm	7 cm
5 m 25 cm			7 m 20 cm	4 m		

2 Ordne den Kindern die Körpergrößen zu. Verbinde.

| 1 m 46 cm | 1,55 m | 125 cm | 138 cm | 1 m | 1,38 m |

3 Ordne die Längen. Beginne mit der kürzesten Länge.

a) 3 m 70 cm   307 cm   3,77 m   3 m 17 cm   3,87 m   37 m

_____, _____, _____, _____, _____, _____

b) 822 cm   8 m 20 cm   88 cm   8,80 m   8 m 8 cm   8,02 m

_____, _____, _____, _____, _____, _____

4 Ordne die Längen. Beginne mit der größten Länge.

a) 5 m 130 cm   6,33 m   603 cm   6 m 207 cm   5 m 222 cm   7,72 m

_____, _____, _____, _____, _____, _____

b) 11 m   10 m 1000 cm   10,07 m   200 cm   1070 cm   10 m 700 cm

_____, _____, _____, _____, _____, _____

1 Verbinde und trage ein.

| 1 cm 3 mm | ___ cm ___ mm | 10 cm 5 mm | ___ cm ___ mm |

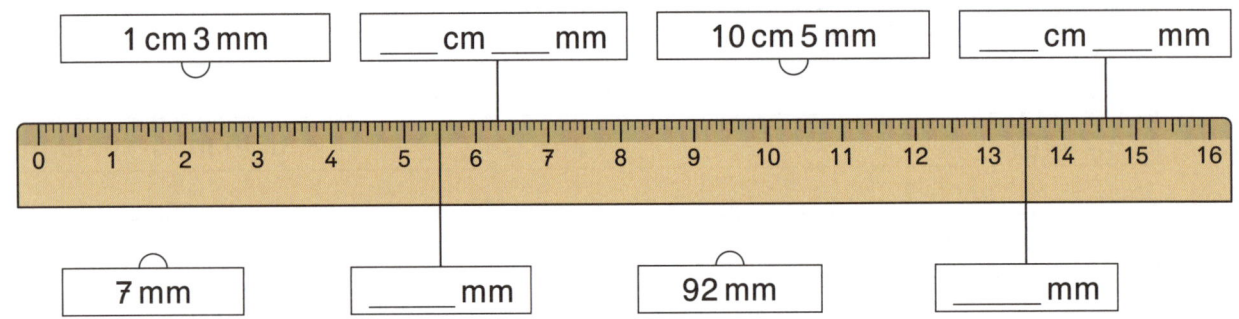

| 7 mm | ___ mm | 92 mm | ___ mm |

2 Schreibe in cm und mm.

57 mm = _____

29 mm = _____

7,3 cm = _____

11,9 cm = _____

3 Schreibe in mm.

4 cm 6 mm = _____

3 cm 1 mm = _____

6,2 cm = _____

75 cm = _____

 4 So groß können die Tiere werden.
Zeichne die angegebenen Längen auf.

a) Mondfliege: 14 mm

b) Weinbergschnecke: 6 cm 8 mm

c) Feldgrille: 2 cm 5 mm

d) Grünes Heupferd: 40 mm

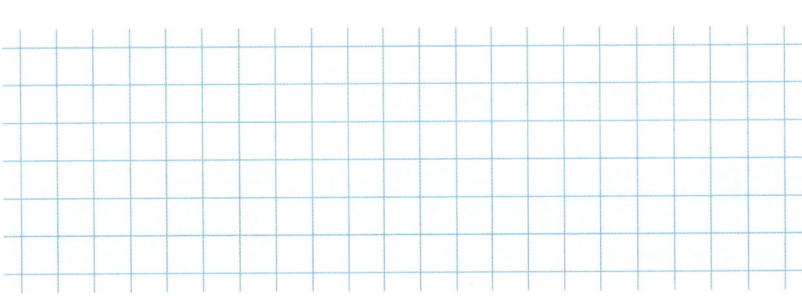

5 Tobi möchte für Mama ein Nagelbild mit einer Vase und Blume basteln.

a) Wie viele cm und mm Faden braucht er für die Vase,
wie viele cm und mm für die Blume?

b) Reichen ihm 40 cm Faden, wenn er für die Knoten
zusätzlich 12 cm benötigt?

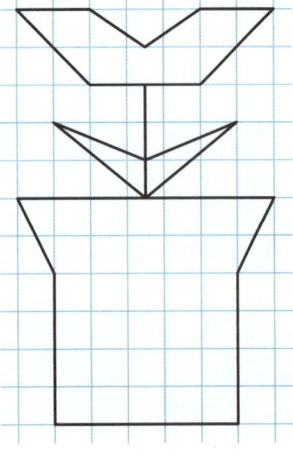

Antwort: _____

_____

Frado 3 Mathematik – Arbeitsheft © 2016 Cornelsen Schulvertage GmbH, Berlin

1 Ordne richtig zu.

Höhe eines Zimmers ⟩	⟨ 1 m
Länge des Tafellineals ⟩	⟨ 1 mm
Dicke eines Stecknadelkopfs ⟩	⟨ 2,40 m
Fingerbreite ⟩	⟨ 70 cm
Höhe eines Tisches ⟩	⟨ 1 cm

2 Richtig oder falsch? Kreuze an.

	richtig	falsch
a) Eine Maus ist ungefähr 50 cm groß.	☐	☐
b) Eine Tür ist ungefähr 2 m hoch.	☐	☐
c) Ein Bett ist ungefähr 200 cm lang.	☐	☐
d) Eine Ameise ist ungefähr 80 cm lang.	☐	☐
e) Ein neuer Bleistift ist ungefähr 150 mm lang.	☐	☐
f) Eine Tür ist ungefähr 1000 mm breit.	☐	☐

3 **Kann das stimmen?**   Begründe in deinem Heft.

Wenn du 15 Filzstifte aneinanderlegst, dann ist die Reihe mehr als 3 Meter lang.

4 Setze das richtige Zeichen ein: ⟨<⟩, ⟨>⟩, ⟨=⟩

8,4 cm ◯ 84 mm   2,70 m ◯ 27 cm   580 mm ◯ 5,80 m

9 cm 9 mm ◯ 90 mm   45 cm ◯ 0,45 m   100 mm ◯ 11 cm

5 Beim Weitsprung schafft Ali 2,85 m. Jana springt 3,13 m.
Wie viele Zentimeter springt Jana weiter als Ali?

Antwort: _____

6 Laura springt 1,15 m hoch. Tim springt 18 cm höher. Wie hoch springt Tim?

Antwort: _____

43

1 Aus wie vielen Einheitsquadraten (EQ) bestehen die Figuren?
Male die Figur mit der größten Fläche aus.

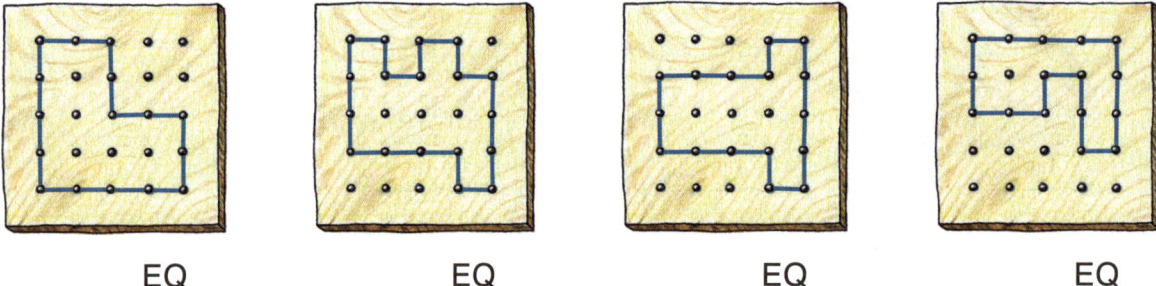

_____ EQ   _____ EQ   _____ EQ   _____ EQ

 2 Zeichne zu jeder Figur eine andere Figur, die eine gleich große Fläche hat.

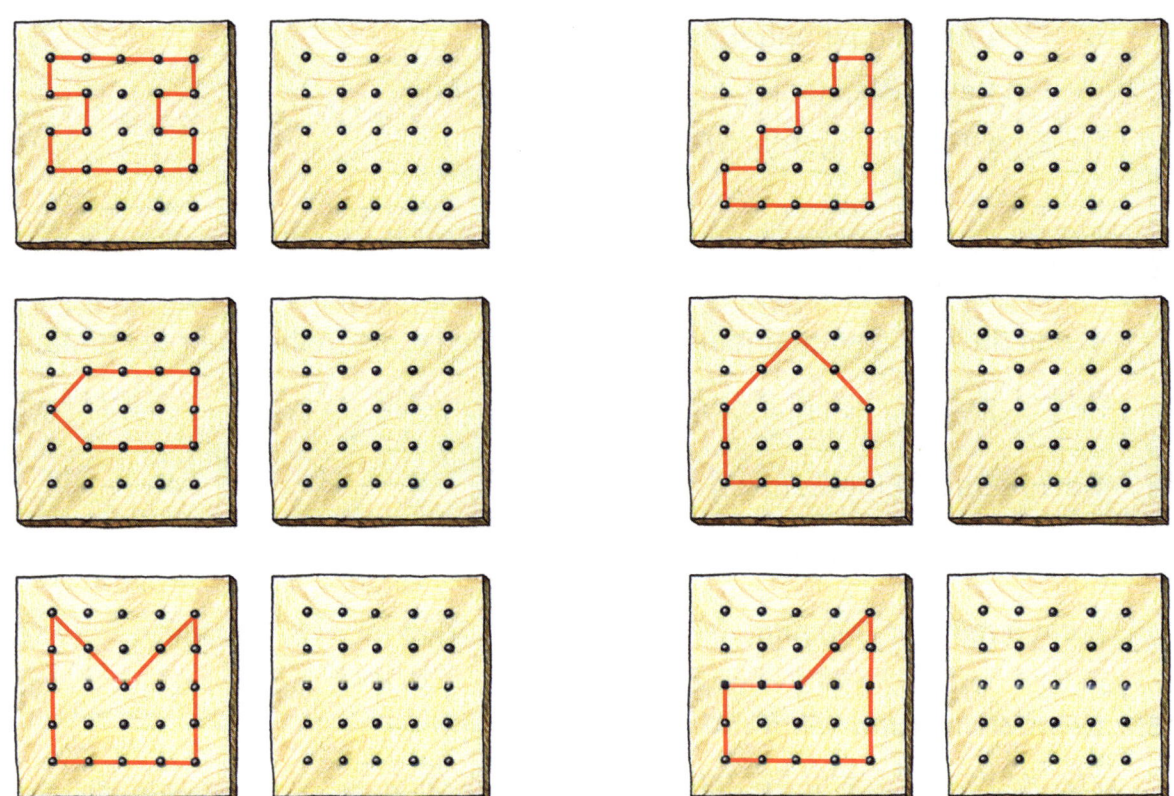

3 Je zwei Flächen sind gleich groß. Male sie in der gleichen Farbe aus.

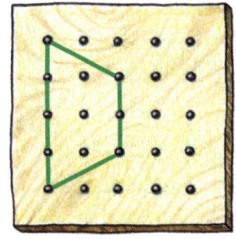 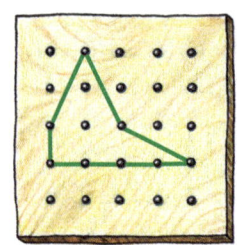 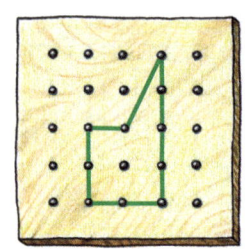 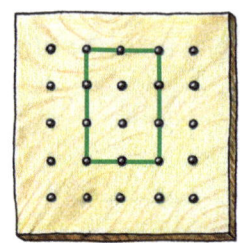

Stunden und Minuten

1 Ergänze auf 1 Stunde.

a) 30 min + ____ min = 1 h
   20 min + ____ min = 1 h
   10 min + ____ min = 1 h
   5 min + ____ min = 1 h

b) 14 min + _____ = 1 h
   42 min + _____ = 1 h
   27 min + _____ = 1 h
   33 min + _____ = 1 h

Denke daran:
1 Stunde hat
60 Minuten.

Tipp

2 Wie viel Zeit ist vergangen?

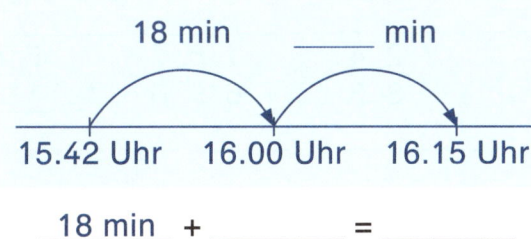

18 min _____ min

15.42 Uhr   16.00 Uhr   16.15 Uhr

18 min + _____ = _____

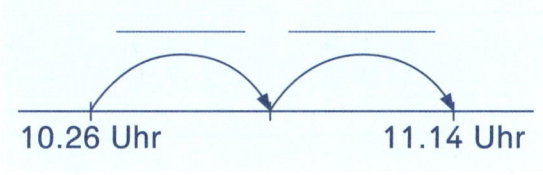

____ ____

10.26 Uhr   11.14 Uhr

_____ + _____ = _____

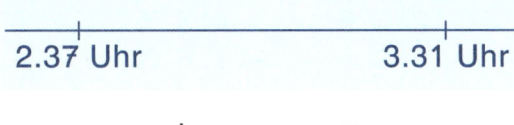

2.37 Uhr   3.31 Uhr

_____ + _____ = _____

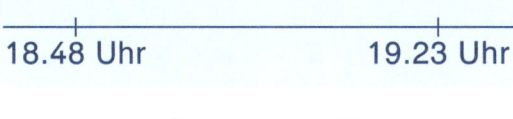

18.48 Uhr   19.23 Uhr

_____ + _____ = _____

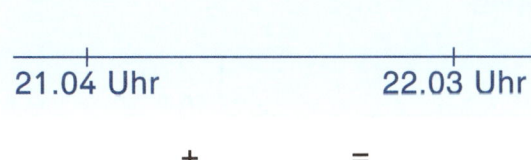

21.04 Uhr   22.03 Uhr

_____ + _____ = _____

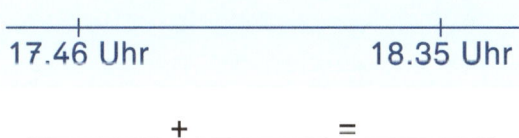

17.46 Uhr   18.35 Uhr

_____ + _____ = _____

3 Um wie viel Uhr kommt der Zug?

a)

Es ist halb zehn.
Der Zug kommt in
75 Minuten.

b)

Es ist
zwanzig vor elf.
Der Zug kommt in
57 Minuten.

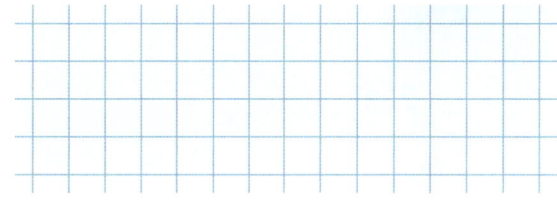

Der Zug kommt um _____ Uhr.

Der Zug kommt um _____ Uhr.

1

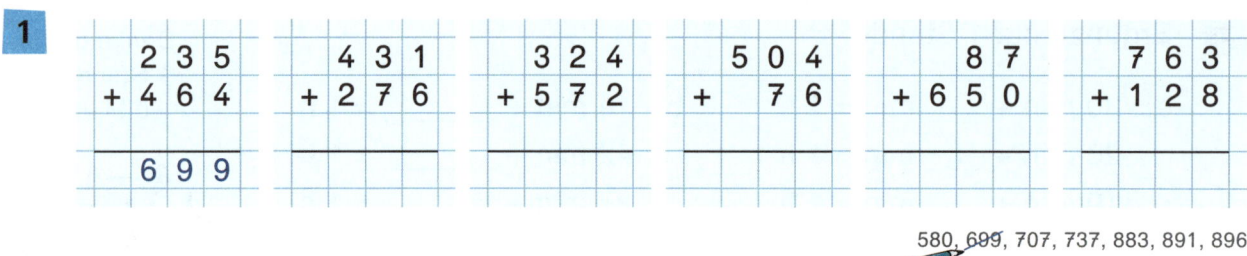

	2	3	5
+	4	6	4
	6	9	9

	4	3	1
+	2	7	6

	3	2	4
+	5	7	2

	5	0	4
+		7	6

		8	7
+	6	5	0

	7	6	3
+	1	2	8

580, 699, 707, 737, 883, 891, 896

2 Kreuze zuerst die Anzahl der Überträge an, bevor du die Aufgaben rechnest.

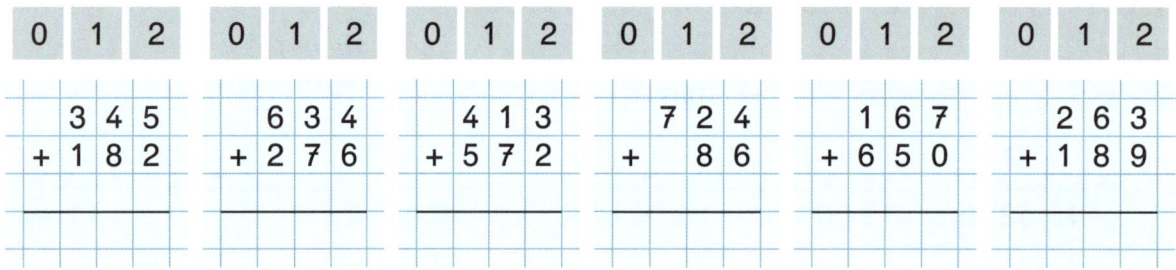

0 1 2   0 1 2   0 1 2   0 1 2   0 1 2   0 1 2

	3	4	5
+	1	8	2

	6	3	4
+	2	7	6

	4	1	3
+	5	7	2

	7	2	4
+		8	6

	1	6	7
+	6	5	0

	2	6	3
+	1	8	9

436, 452, 527, 810, 817, 910, 985

3 Addiere geschickt.

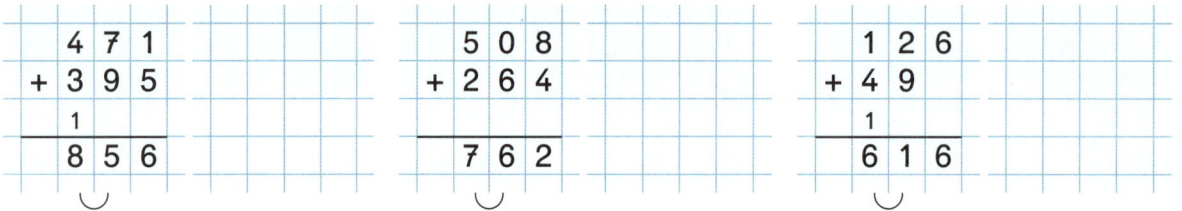

	2	1	2
	1	5	4
+	3	0	8

	3	1	9
		5	7
+	4	2	1

	3	6	7
	4	8	2
+	1	4	3

		7	5
	2	4	6
+	6	3	5

	3	8	9
	4	5	7
+	1	5	3

	5	6	7
		9	8
+	2	0	2

674, 797, 849, 867, 956, 992, 999

4 Finde die Fehler. Verbinde. Rechne richtig.

	4	7	1
+	3	9	5
		1	
	8	5	6

	5	0	8
+	2	6	4
	7	6	2

	1	2	6
+		4	9
		1	
	6	1	6

Übertrag vergessen   falsch untereinandergeschrieben   Rechenfehler

5 Wähle immer zwei Zahlen und addiere sie. Es sollen zwei Überträge entstehen.

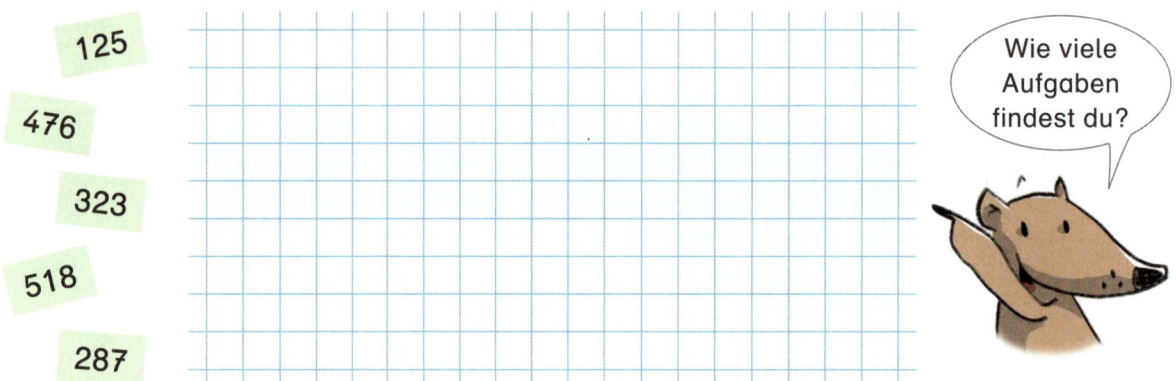

125

476

323

518

287

Wie viele Aufgaben findest du?

Fredo 3 Mathematik – Arbeitsheft © 2016 Cornelsen Schulverlage GmbH, Berlin

1 Im Kopf oder schriftlich? Ordne zu und rechne.

a) 360 + 200   b) 137 + 284   c) 420 + 70   d) 541 + 329

im Kopf: schriftlich:

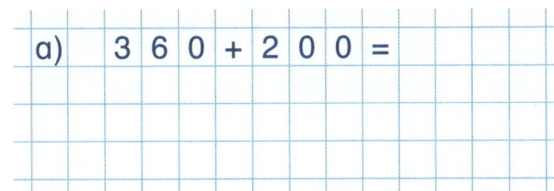
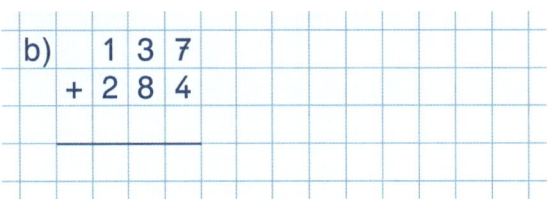

2 Löse nur die Aufgaben, die du im Kopf rechnen kannst. Wie viele schaffst du?

a) 57 + 43 = _____   b) 763 + 137 = _____   c) 299 + 198 = _____

d) 340 + 520 = _____   e) 584 + 209 = _____   f) 470 + 380 = _____

g) 123 + 49 = _____   h) 625 + 180 = _____   i) 210 + 756 = _____

3 Wie geht es weiter? Ergänze die Aufgaben und rechne.

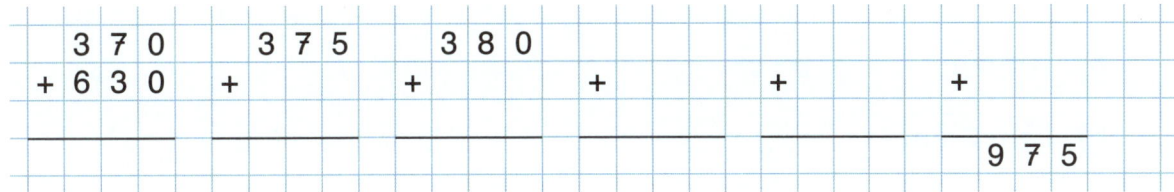

4 Überschlage die Preise und ordne den passenden Überschlag zu.

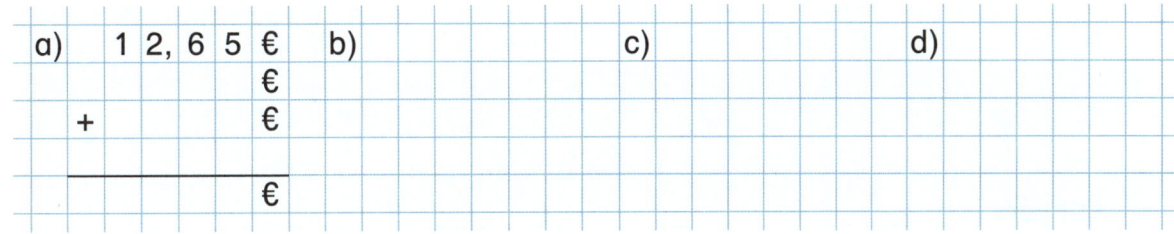

Rechne genau.

	a) 1 2 , 6 5 €	b)	c)	d)
	€			
+	€			
	€			

Fredo 3 Mathematik – Arbeitsheft © 2016 Cornelsen Schulverlage GmbH, Berlin

Kannst du das? 4

1 Bei Würfelnetzen die gegenüberliegende Seiten erkennen und in der gleichen Farbe anmalen

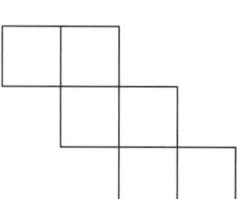 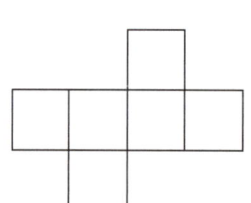 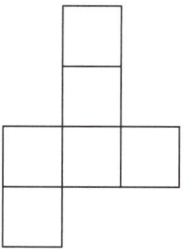 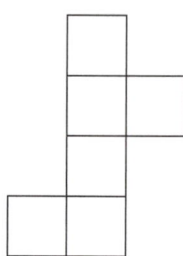

2 Längen auf drei verschiedene Weisen notieren

7 m 55 cm			2 m 3 cm		
	491 cm			506 cm	
		8,60 m			0,02 m

3 Strecken genau messen und zeichnen

a) _____ |——————————————————————————|

b) _____ |————————————————|

c) 107 mm |————|

d) 6 cm 2 mm |————|

4 Längen vergleichen

Setze das richtige Zeichen ein: $<$, $>$, $=$

7 cm 6 mm ◯ 67 mm   270 mm ◯ 0,27 m   4,80 m ◯ 48 cm

1,5 cm ◯ 150 mm   200 mm ◯ 20 m   2,60 m ◯ 260 cm

5 Sachaufgaben mit Größen lösen

Justus und Jette wollen noch einen Drachen bauen. Dafür benötigen sie eine Holzleiste mit 80 cm und eine mit 45 cm Länge. Sie kaufen eine 1,50 m lange Leiste. Wie viele cm bleiben übrig?

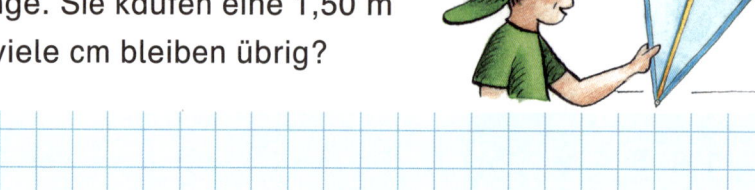

Antwort: _____

Fredo 3 Mathematik – Arbeitsheft © 2016 Cornelsen Schulverlage GmbH, Berlin

48

6 Die Größen von Figuren bestimmen

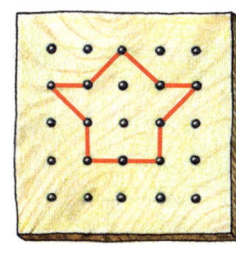 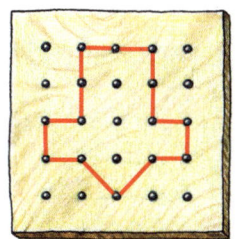 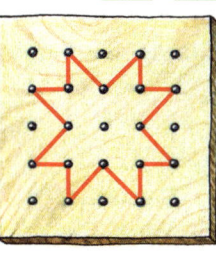

_____ EQ _____ EQ _____ EQ _____ EQ

7 Zeitspannen berechnen

12.34 Uhr   13.17 Uhr

14.12 Uhr   15.09 Uhr

_____ + _____ = _____   _____ + _____ = _____

8 Schriftlich addieren

a) 374 + 454   b) 86 + 773   c) 648 + 55   d) 128 + 34 + 522

9 Geldbeträge überschlagen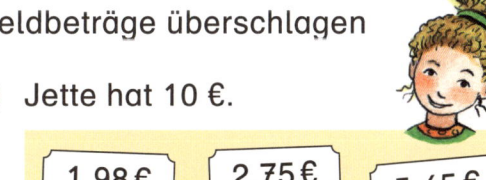

a) Jette hat 10 €.

1,98 €   2,75 €   5,45 €

b) Justus hat 15 €.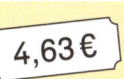

4,63 €   5,95 €   2,59 €

Reicht das Geld? Überschlage. Rechne genau, wenn der Überschlag größer ist als das zur Verfügung stehende Geld.

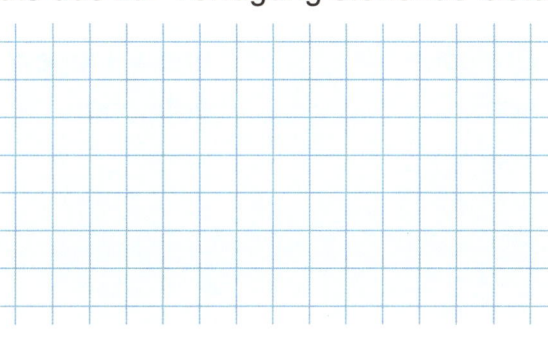 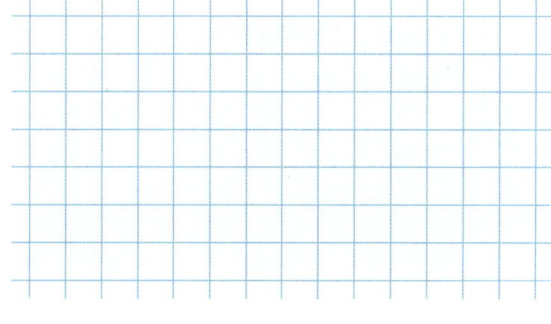

_____   _____

Fredo 3 Mathematik – Arbeitsheft © 2016 Cornelsen Schulverlage GmbH, Berlin

1 Ordne den passenden Namen zu und verbinde.

| unregelmäßiges Viereck | Parallelogramm | Raute | Drachen | Rechteck | Quadrat | Trapez |

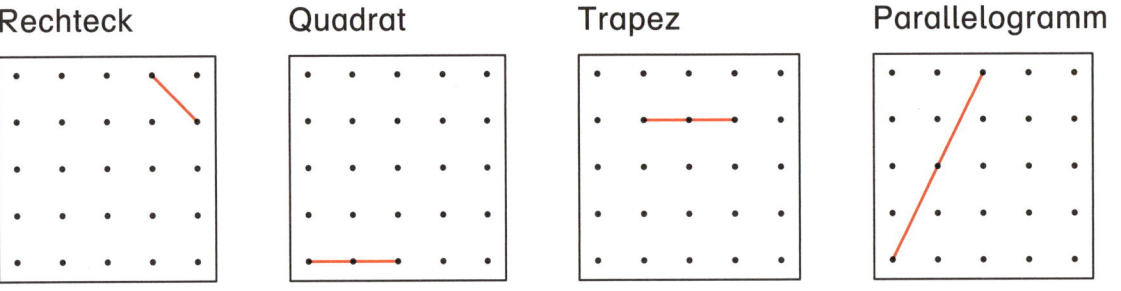

2 Von jedem Viereck ist schon eine Seite gezeichnet. Vervollständige.

Rechteck   Quadrat   Trapez   Parallelogramm

3 Welches Viereck ist gesucht?

Es hat keine rechten Winkel. Alle Seiten sind gleich lang.

_____

Alle Winkel sind rechte Winkel. Immer zwei gegenüberliegende Seiten sind gleich lang.

_____

4 Richtig oder falsch? Kreuze an.

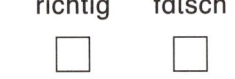

richtig   falsch

a) Es gibt Vierecke mit vier rechten Winkeln.   ☐   ☐

b) Alle Vierecke haben mindestens einen rechten Winkel.   ☐   ☐

c) Es gibt Vierecke mit vier unterschiedlich langen Seiten.   ☐   ☐

5 Zerschneide diese Quadrate in Gedanken. Zeichne die Schneidelinien ein. Es sollen ...

a) ... 2 Quadrate und 2 Rechtecke entstehen.

b) ... 1 Drachen und 2 Dreiecke entstehen.

c) ... 1 Quadrat und 4 Trapeze entstehen.

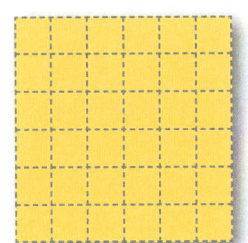

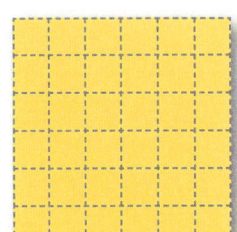

Fedo 3 Mathematik – Arbeitsheft © 2016 Cornelsen Schulverlage GmbH, Berlin

1 Ergänze auf 1 Kilometer.

a) 200 m + _____ = 1 km   b) 600 m + _____ = 1 km   c) 400 m + _____ = 1 km

250 m + _____ = 1 km   670 m + _____ = 1 km   380 m + _____ = 1 km

2 Wie viele Meter fehlen bis zu 1 Kilometer? Ergänze.

1 km	777 m	364 m	458 m	99 m	981 m	868 m	111 m

3 Tobi fährt gerne Rad. Wie weit fuhr er an den einzelnen Tagen? Berechne.

a) Montag: 430 m, 270 m, 3 km 50 m

b) Mittwoch: 345 m, 2 km 70 m, 255 m

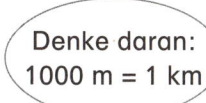

Denke daran:
1000 m = 1 km

c) Samstag: 2 km 375 m, 1 km 600 m

Tipp

d) Sonntag: 950 m, 1 km 50 m, 660 m, 1 km 135 m

e) An welchem Tag fuhr Tobi am weitesten, an welchem am wenigsten weit?
Markiere. Berechne den Unterschied.

4 Julia geht von zu Hause 550 m zur Schule. Mittags geht sie 400 m zu ihrer
Oma zum Essen. Nach den Hausaufgaben läuft sie 250 m nach Hause.
Wie viele km und m sind das am Tag, in der Woche, im Monat, im Schuljahr?

Antwort: _____

1 Justus macht mit seinen Eltern einen Ausflug in den Stadtpark.

a) Justus sucht auf der Karte den kürzesten Weg vom Eingang zum Springbrunnen. Zeichne ihn ein.

b) Vom Springbrunnen aus wandern sie weiter zum Spielplatz. Sie machen nach 555 m eine Pause.
Welchen Weg sind sie gegangen und wo machten sie Pause?

Antwort: _____

_____

c) Vom Spielplatz gehen sie zurück zum Eingang. Wie weit sind sie insgesamt gewandert?

Wir nehmen den kürzesten Weg.

Antwort: _____

2 Finde jeweils einen Rundweg, der …

a) … nicht länger als 3 km ist.

b) … mindestens 3 km lang ist.

Notiere die Stationen und berechne die Weglängen.

Bei einem Rundweg kommt man wieder da an, wo man gestartet ist.

Frodo 3 Mathematik – Arbeitsheft © 2016 Cornelsen Schulverlage GmbH, Berlin

1 Subtrahiere.

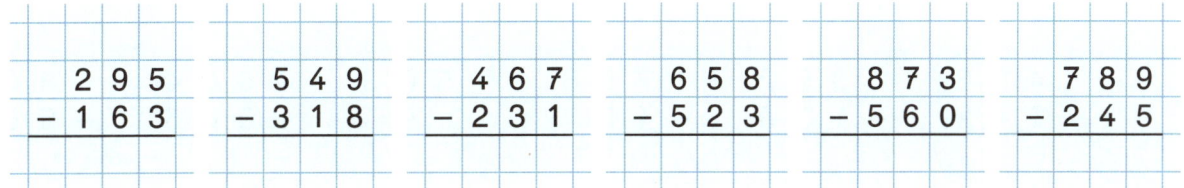

| 2 9 5 | 5 4 9 | 4 6 7 | 6 5 8 | 8 7 3 | 7 8 9 |
| − 1 6 3 | − 3 1 8 | − 2 3 1 | − 5 2 3 | − 5 6 0 | − 2 4 5 |

132, 135, 231, 236, 313, 455, 544

2 Wo musst du wechseln? Kreise ein, bevor du rechnest.

H Z E	H Z E	H Z E	H Z E	H Z E	H Z E
9 2 7	4 8 6	8 5 0	5 1 9	7 3 8	3 9 4
− 2 4 5	− 1 3 7	− 4 0 9	− 3 6 5	− 2 7 1	− 8 6

154, 302, 308, 349, 441, 467, 682

3 Wie oft musst du wechseln? Kreuze an, bevor du rechnest.

| 0 ☒ 2 | 0 1 2 | 0 1 2 | 0 1 2 | 0 1 2 | 0 1 2 |

| 4 1 5 | 5 4 3 | 9 7 3 | 8 6 0 | 6 7 5 | 7 2 6 |
| − 1 4 2 | − 3 6 7 | − 6 0 2 | − 4 1 7 | − 2 8 6 | − 5 9 8 |

128, 148, 176, 273, 371, 389, 443

4 Finde die Fehler. Verbinde. Rechne richtig.

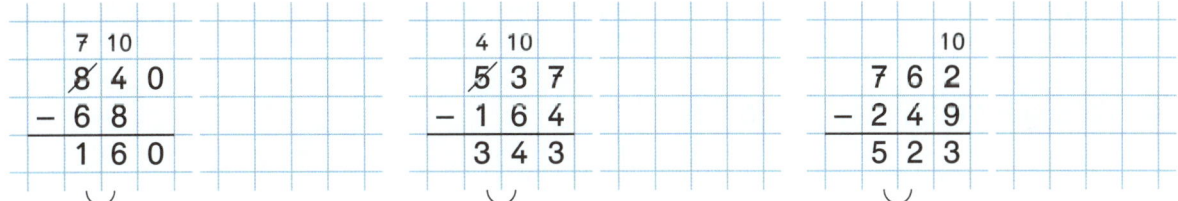

	7 10			4 10			10
8̸ 4 0			5̸ 3 7			7 6 2	
− 6 8			− 1 6 4			− 2 4 9	
1 6 0			3 4 3			5 2 3	

falsch untereinander-
geschrieben

Rechenfehler

Fehler beim
Wechseln

5 Wähle immer zwei Zahlen und subtrahiere sie.
Es soll zweimal gewechselt werden.

297
385
409
712

Wie viele Aufgaben
findest du?

1 Rechne.

```
  4 0 8      3 0 2      7 0 5      5 0 3      6 0 4      8 0 6
- 2 4 9    - 1 3 5    - 4 8 7    -   9 4    - 3 0 6    - 5 9 8
```

```
  9 0 0      2 0 3      4 0 1      9 0 7      7 0 9      6 0 0
- 6 5 3    -   8 9    - 1 7 2    - 2 6 1    - 3 5 9    - 4 1 9
```

114, 159, 167, 171, 181, 208, 218, 229, 247, 298, 350, 409, 646

2 Löse zwei Aufgaben im Kopf und zwei Aufgaben schriftlich.

a) 340 – 135 = _____

b) 638 – 359 = _____

c) 945 – 687 = _____

d) 801 – 798 = _____

3 Bilde Subtraktionsaufgaben. Das Ergebnis soll immer 279 sein.

```
  4 0 3       -          -          -          -          -
- 1 2 4
  2 7 9      2 7 9      2 7 9      2 7 9      2 7 9      2 7 9
```

4 Wie geht es weiter? Ergänze.

```
  3 2 1      4 3 2      5 4 3       -          -          -
- 1 2 3    - 2 3 4      -
```

5 Wie geht es weiter? Ergänze.
Betrachte aufeinanderfolgende Ergebnisse. Was fällt dir auf?

```
  4 3 1      5 3 1      6 3 1       -          -          -
- 1 3 4    - 1 3 5      -
```

Fredo 3 Mathematik – Arbeitsheft © 2016 Cornelsen Schulverlage GmbH, Berlin

1 Welche Ziffern fehlen?

```
  4 5 1        4 _ 3          _ 3 _        3 _ _        5 _ 4
+ 3 _ 2      + 2 5 _        + 3 _ 2      + 4 1 8      +   2 2
---------    ---------      ---------    ---------    ---------
  _ _ 8        _ 7 9          5 9 4        _ 5 9        8 3 6
```

2 Welche Ziffern fehlen? Achte auf die Überträge.

```
  7 8 _        5 5 9        4 2 9        1 4 7          _ _ _
+ 1 _ 2      +   1 _      +     5      + 3 _ _      + 4 8 5
---------    ---------    ---------    ---------    ---------
  _ 3 9        7 _ 7        8 0 _        _ 8 6        8 6 8
```

3 Welche Ziffern fehlen? Finde verschiedene Möglichkeiten.

```
  7 5          7 5          7 5          7 5          7 5
+ _ _        + _ _        + _ _        + _ _        + _ _
-------      -------      -------      -------      -------
  _ 9          _ 9          _ 9          _ 9          _ 9
```

4 Welche Ziffern fehlen bei den Minusaufgaben?

```
  8 _ 4          7 _ _        5 5 5          8 2 9        9 4 7
-   3 2        - 4 1 8      - 2 1 _        -   7 5      - 3 _ _
---------      ---------    ---------      ---------    ---------
  5 3 2          3 5 0        3 3 7          3 5 4        5 8 6
```

5 Welche Ziffern fehlen bei den Minusaufgaben?

```
  7 5 _          6 4 5        8 2 5
- 2 6 5        - 2 9 _      - 5 _ _
---------      ---------    ---------
  4 8 8          3 4 7        2 5 8
```

```
  9 8 _          _ 0 1        7 7 7
- 6 _ 4        - 4 _ 5      -   _ 9
---------      ---------    ---------
  2 8 6          1 7 6        4 5 8
```

55

1 Zeichne alle Symmetrieachsen ein.

Haben alle Figuren Symmetrieachsen?

Es sind insgesamt 13 Symmetrieachsen.

2 a) Das Dreieck △ bei Aufgabe 1 ist achsensymmetrisch. Begründe.

_____

_____

b) Das Trapez ⟋▢ bei Aufgabe 1 ist nicht achsensymmetrisch. Begründe.

_____

_____

Fredo 3 Mathematik – Arbeitsheft © 2016 Cornelsen Schulverlage GmbH, Berlin

1 Ergänze die Figuren achsensymmetrisch.

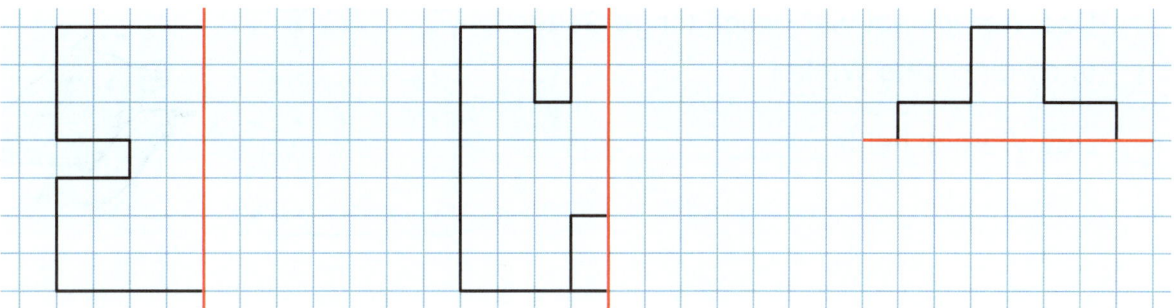

 2 Ergänze die Figuren achsensymmetrisch.

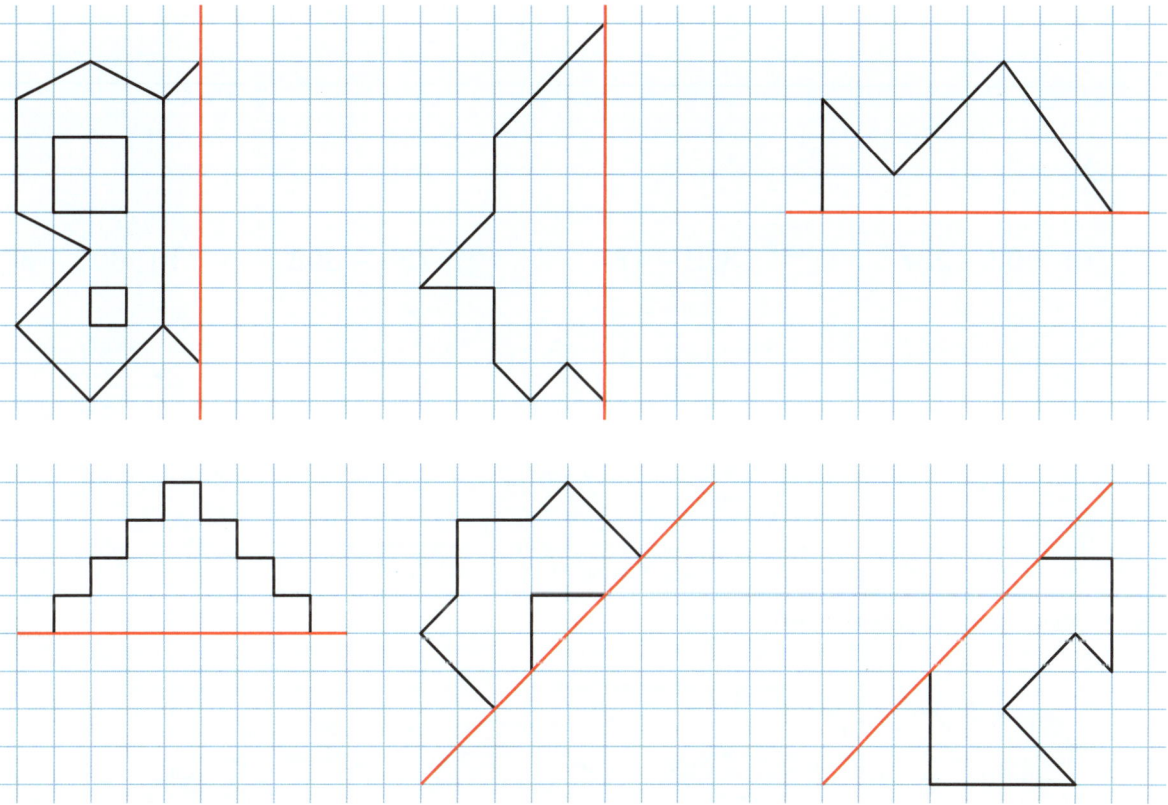

 3 Spiegle alle Linien und Punkte an der Symmetrieachse.

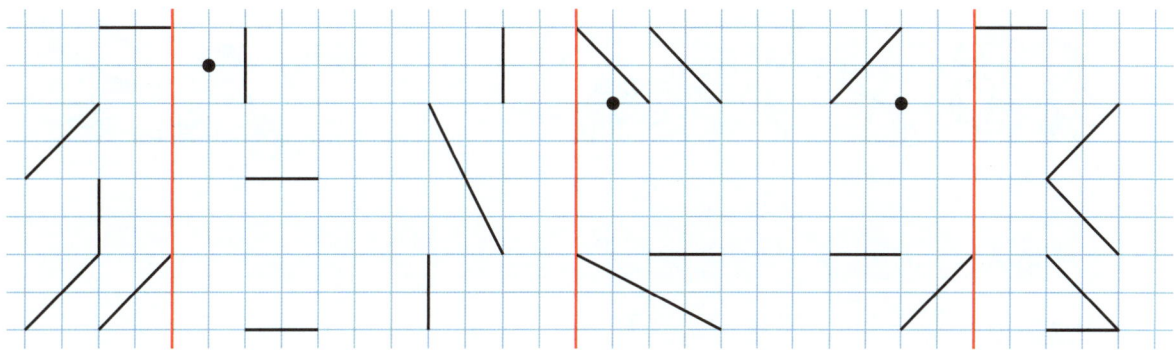

Fredo 3 Mathematik – Arbeitsheft © 2016 Cornelsen Schulverlage GmbH, Berlin

1   Vierecke benennen und zeichnen

Das Viereck hat vier gleich lange Seiten und vier rechte Winkel.

Das Viereck heißt _____ .

2   Schriftlich subtrahieren

a) 755 – 324   b) 516 – 275   c) 645 – 66   d) 965 – 787

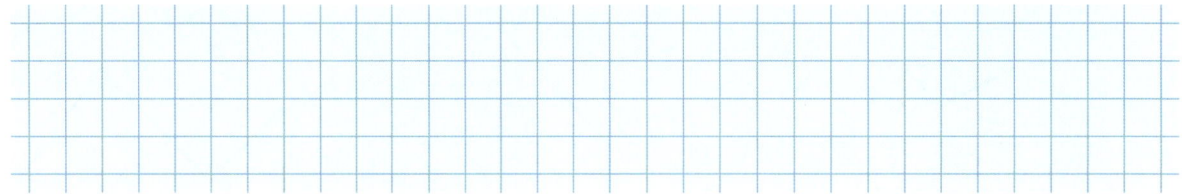

e) 506 – 237   f) 852 – 474   g) 724 – 308   h) 605 – 387

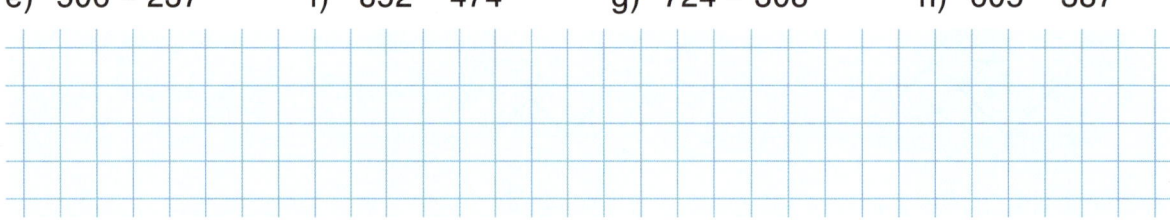

3   Weglängen berechnen

Weg A:

Weg B:

Frado 3 Mathematik – Arbeitsheft © 2016 Cornelsen Schulverlage GmbH, Berlin

4 Auf 1 Kilometer ergänzen

1 km	456 m	673 m	52 m	889 m	345 m	76 m	112 m

5 Fehlende Ziffern finden

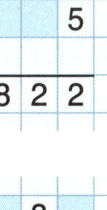

```
   6 3          8 3          3 3
 +   9        + 1 2        +   5
 -------      -------      -------
   9 9 7          9 2        8 2 2
```

```
   8 3          2 1            8
 +   0        + 6 7        + 3 2
 -------      -------      -------
   9 7 1          2 4        8 7 1
```

6 Symmetrieachsen einzeichnen

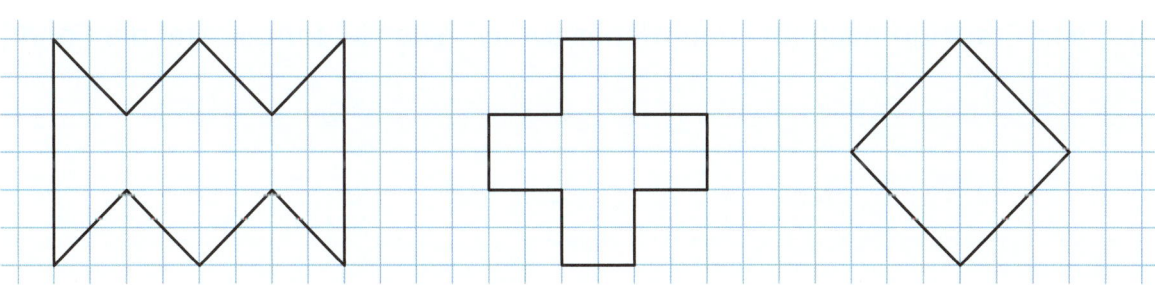

7 Figuren achsensymmetrisch ergänzen

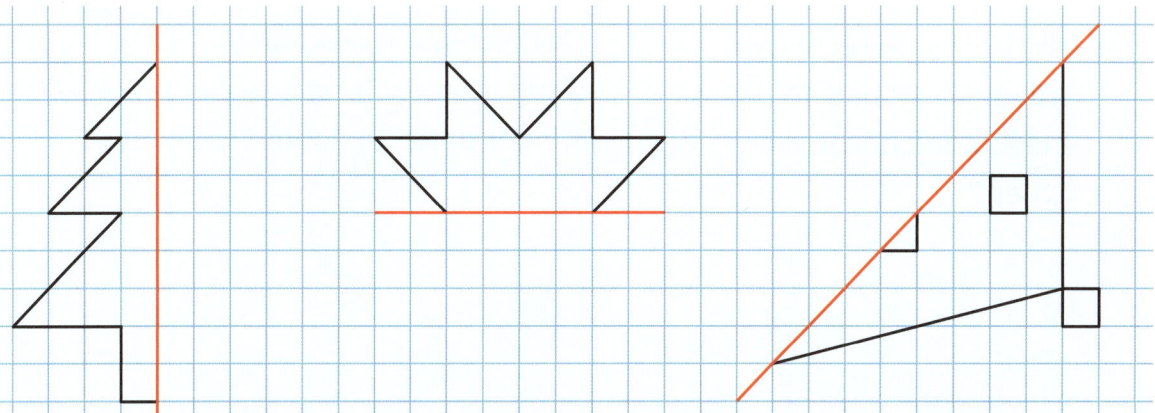

1 Herr und Frau Müller fahren mit der Bahn von Frankfurt nach Hamburg. Wie viel Euro müssen sie für die Fahrt bezahlen?

Fahrpreise (einfache Fahrt), 2. Klasse

Frankfurt – Kiel   120 Euro
Frankfurt – Hamburg   109 Euro
Frankfurt – Dresden   97 Euro

Kinder bis 14 Jahre fahren in Begleitung kostenlos mit!

Die Fahrpreise findest du hier.

Sie müssen für die Fahrt _____ bezahlen.

2 Die 9-jährige Jana fährt mit ihren Großeltern und ihrem kleinen Bruder von Frankfurt nach Dresden.

a) Wie viel Euro kostet die Fahrt?

b) Wie viel Euro müssen sie für Hin- und Rückfahrt bezahlen?

a) Sie müssen für die Fahrt

_____ bezahlen.

b) Sie müssen für Hin- und Rückfahrt

_____ bezahlen.

3 Herr und Frau Krämer fahren mit ihren zwei Kindern (9 und 16 Jahre) von Frankfurt nach Kiel und wieder zurück. Wie viel Euro kostet die Fahrt?

Die Fahrt kostet für die Familie _____.

4 Jette überlegt: Wie viel Euro müssen wir bei dem Angebot mindestens bezahlen, wenn wir (Mama, Papa, meine Brüder: 7, 12 und 15 Jahre und ich) nach München fahren?

Sparangebot der Bahn

• Reisen zu zweit durch ganz Deutschland (einfache Fahrt)   ab 49 €
• Jede weitere Person (maximal 3 Personen)   ab 20 €
• Kinder unter 15 Jahren kostenlos

Fredo 3 Mathematik – Arbeitsheft © 2016 Cornelsen Schulverlage GmbH, Berlin

1 Wie schwer sind die Früchte?

Apfel: _____   Melone: _____   Mango: _____

2 Du hast diese 12 Gewichtssteine:

    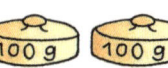  

1g 2g 2g 5g 10g 10g 20g 50g 100g 100g 200g 500g

Wiege folgende Gewichte mit möglichst wenigen Gewichtssteinen.

a) 400 g: _____   b) 167 g: _____

   800 g: _____   524 g: _____

   275 g: _____   77 g: _____

3 Ergänze auf 1 Kilogramm.

a) 700 g + _____ = 1 kg   b) 330 g + _____ = 1 kg   c) 429 g + _____ = 1 kg

   850 g + _____ = 1 kg   680 g + _____ = 1 kg   901 g + _____ = 1 kg

   450 g + _____ = 1 kg   160 g + _____ = 1 kg   99 g + _____ = 1 kg

4 Wie viel ist noch in der Packung?

verbraucht	70 g	125 g	290 g	105 g
Rest				

5 Wie viel wurde verbraucht?

verbraucht				
Rest	120 g	555 g	30 g	135 g

Fredo 3 Mathematik – Arbeitsheft © 2016 Cornelsen Schulverlage GmbH, Berlin

1 Ordne die Gewichte der Größe nach. Beginne mit dem kleinsten.

5 kg   500 g   50 g   50 kg   5 g   500 kg   550 g

_____

2 kg oder g? Trage richtig ein.

Justus sagt: „Ich wiege 28 ____. Meine Schultasche wiegt heute 2,9 ____.

Mein roter Farbstift wiegt 12 ____. Meine Katze wiegt 8 ____. Der Hund

der Nachbarn wiegt 15 ____ 800 ____. Mein Fahrrad wiegt ungefähr 16 ____."

3 Wie schwer sind die einzelnen Körbe mit Inhalt? Der leere Korb wiegt 680 g.

4 Ordne den Tieren das passende Gewicht zu.

20 g   8 kg   250 kg   20 kg   50 kg   750 kg

5 Kann das stimmen?   Erkläre.

Emilio behauptet: „Alle Kinder meiner Klasse wiegen zusammen 1000 kg.
Wir sind insgesamt 20 Kinder."

_____

Frado 3 Mathematik – Arbeitsheft © 2016 Cornelsen Schulverlage GmbH, Berlin

1 Lege mit dem Material und rechne.

a) 2 · 　3 = _____　　b) 3 · 　5 = _____　　c) 4 · 　4 = _____　　d) 4 · 　6 = _____

　2 · 3 Z = _____　　　3 · 5 Z = _____　　　4 · 4 Z = _____　　　4 · 6 Z = _____

　2 · 30 = _____　　　3 · 50 = _____　　　4 · 40 = _____　　　4 · 60 = _____

2 Rechne. Die kleine Aufgabe hilft.

a) 5 · 　8 = _____　　b) 6 · ___ = _____　　c) 8 · ___ = _____　　d) 5 · ___ = _____

　5 · 8 Z = _____　　　6 · 7 Z = _____　　　8 · 9 Z = _____　　　5 · 5 Z = _____

　5 · 80 = _____　　　6 · 70 = _____　　　8 · 90 = _____　　　5 · 50 = _____

3 Rechne.

a)

·	3	30	6	60
7				
8				
9				

·	4	40	8	80
9				
3				
5				

b)

·	7	70	8	80
4				
		420		
				640

·				
2		100		
4	20		24	
6				360

4 Finde möglichst viele Malaufgaben.

Das Ergebnis soll größer als 100 und kleiner als 200 sein.

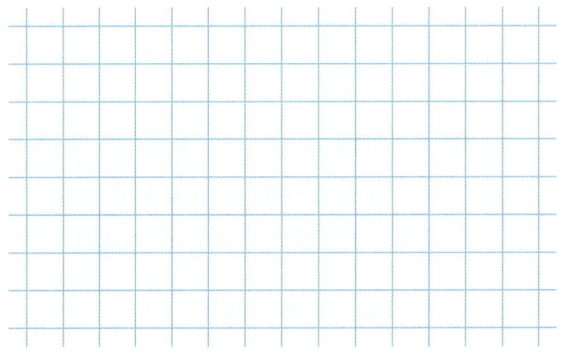

Das Ergebnis soll größer als 300 und kleiner als 400 sein.

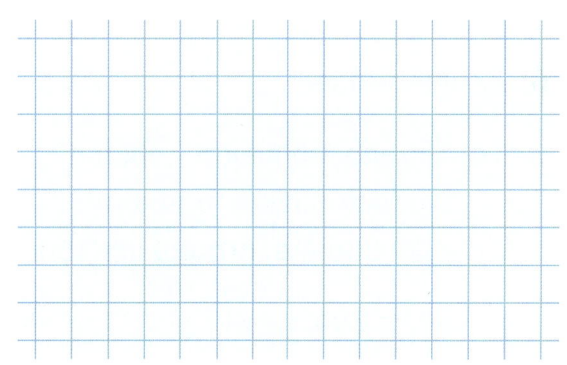

1 Rechne.

a)   42 : 6 = _____   b)   28 : 4 = _____   c)   25 : 5 = _____   d)   32 : 8 = _____

    42 Z : 6 = _____   28 Z : 4 = _____   25 Z : 5 = _____   32 Z : 8 = _____

    420 : 6 = _____   280 : 4 = _____   250 : 5 = _____   320 : 8 = _____

2 Rechne.

:	3	6
12		
120		
24		
240		

:	2	4
16		
160		
20		
200		

:	4	8
24		
240		
32		
320		

:	6	9
18		
180		
36		
360		

3 Rechne.

a)   35 : 7 = ___   b)   21 : 7 = ___   c)   32 : 4 = ___   d)   48 : 6 = ___

    350 : 7 = ___   210 : 7 = ___   320 : 4 = ___   480 : 6 = ___

    350 : 70 = ___   210 : 70 = ___   320 : 40 = ___   480 : 60 = ___

4 Setze ein: ⟨<⟩, ⟨>⟩, ⟨=⟩

240 : 30 ◯ 240 : 40   540 : 90 ◯ 250 : 50   120 : 10 ◯ 250 : 5

560 : 80 ◯ 560 : 70   720 : 80 ◯ 900 : 90   420 : 60 ◯ 49 : 7

360 : 60 ◯ 480 : 80   490 : 70 ◯ 810 : 90   500 : 5 ◯ 280 : 4

5 Zahlenrätsel

a) Multipliziere 30 mit 6 und dividiere dann durch 3.

Du erhältst die Zahl _____.

b) Dividiere 150 durch 5 und multipliziere dann mit 4.

Du erhältst die Zahl _____.

6 Zahlenrätsel

a) Wenn ich meine Zahl mit 4 multipliziere und dann 30 addiere, erhalte ich 150.

Die Zahl heißt _____.

b) Wenn ich meine Zahl durch 7 dividiere und dann 20 subtrahiere, erhalte ich 50.

Die Zahl heißt _____.

Fredo 3 Mathematik – Arbeitsheft © 2016 Cornelsen Schulverlage GmbH, Berlin

Vielfache und Teiler

1 Notiere die Vielfachen von 2, die zwischen 40 und 60 liegen.

_____, _____, _____, _____, _____, _____, _____, _____, _____

Finde alle Teiler von 18.　　　　　　　　Finde alle Teiler von 20.

_____, _____, _____, _____, _____, _____　　_____, _____, _____, _____, _____, _____

2 Stimmt das? Überprüfe und kreuze an.

	richtig	falsch
a) Alle geraden Zahlen sind durch 2 teilbar.	☐	☐
b) Jedes Vielfache von 10 ist ein Vielfaches von 2.	☐	☐
c) 45 ist ein Vielfaches von 5 und von 2.	☐	☐
d) 32 ist teilbar durch 2, 4 und 8.	☐	☐
e) Die Zahlen 1, 2, 3, 4, 5, 6, 9, 12, 18, 36 sind Teiler von 36.	☐	☐

3 Löse die Zahlenrätsel.

a) Jette addiert zum Fünffachen von 7 das Doppelte von 300.

Sie erhält die Zahl _____.

b) Justus subtrahiert von der Hälfte von 1000 das Zehnfache von 9.

Er erhält die Zahl _____.

4 Löse die Zahlenrätsel.

a) Kim addiert zum Achtfachen von 40 das Siebenfache ihrer Zahl. Als Ergebnis erhält sie 355.

Kims Zahl heißt _____.

b) Ali subtrahiert vom Fünffachen seiner Zahl das Sechsfache von 70 und erhält die Hälfte von 160.

Alis Zahl heißt _____.

5 Bilde Mannschaften. In jeder Mannschaft sollen gleich viele Kinder sein. Notiere alle Möglichkeiten.

a) 18 Schüler _____

b) 30 Schüler _____

Fredo 3 Mathematik – Arbeitsheft © 2016 Cornelsen Schulverlage GmbH, Berlin

1 Lena und ihr Bruder Ben sind zusammen 21 Jahre alt.
Lena ist halb so alt wie Ben.

Wie alt ist Lena?
Wie alt ist Ben?
Probiere weiter.

Lena ist _____ Jahre alt.

Ben ist _____ Jahre alt.

Lena	Ben	beide zusammen	zu viel? zu wenig?
4	8	12	zu wenig
5	10	15	zu wenig
8	16	24	zu viel

2 Löse die Knobelaufgabe mit der Tabelle.

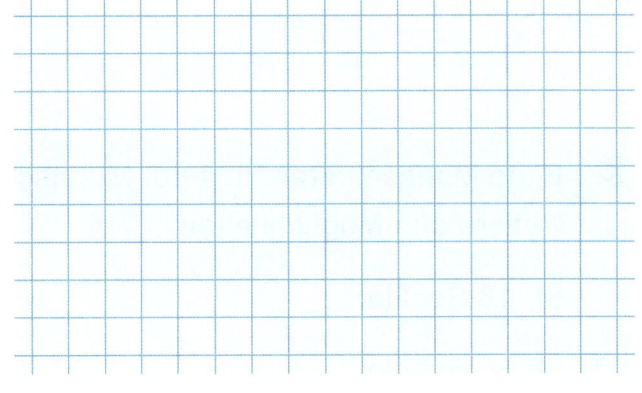

Mein Großvater ist doppelt so alt wie mein Vater. Beide zusammen sind 105 Jahre alt.

Toms Großvater ist _____ Jahre alt.

Toms Vater ist _____ Jahre alt.

Groß-vater	Vater	beide zusammen	zu viel? zu wenig?
60	30		

3 Olga und ihre Oma sind zusammen 83 Jahre alt.
Oma ist 65 Jahre älter als Olga.

Olga ist _____ Jahre alt.

Olgas Oma ist _____ Jahre alt.

Olga	Oma	beide zusammen	zu viel? zu wenig?
5	70		

4 Klara ist doppelt so alt wie ihre Schwester Maren und halb so alt wie ihr Bruder Max. Zusammen sind sie 21 Jahre alt.

Klara ist _____ Jahre alt.

Maren ist _____ Jahre alt.

Max ist _____ Jahre alt.

Fredo 3 Mathematik – Arbeitsheft © 2016 Cornelsen Schulverlage GmbH, Berlin

1 Pia und Tim wollen Ali einen Schal in den Farben Rot und Weiß stricken. Pia strickt den weißen Teil und Tim den roten. Der rote Teil ist 20 cm länger als der weiße Teil. Zum Schluss näht Pia beide Teile aneinander. Der Schal ist jetzt genau 180 cm lang.

cm

Pia hat _____ cm gestrickt. Tim hat _____ cm gestrickt.

2 Noemi, Lukas und Klara stricken einen Schal. Noemi strickt den blauen Teil, Lukas strickt den roten und Klara strickt den weißen. Der blaue und der rote Teil sind gleich lang. Der weiße Teil ist 20 cm länger als der rote Teil. Zusammengenäht sind die drei Teile 170 cm lang.

Noemi hat _____ cm gestrickt. Lukas hat _____ cm gestrickt.

Klara hat _____ cm gestrickt.

3 Einige Kinder haben für die Lehrerin einen Schal gestrickt. Er ist 4,20 m lang. Der Schal wurde an sechs Stellen zusammengenäht. Alle Teile sind gleich lang. Wie viele Teile sind es und wie lang sind sie?

Antwort: _____

Fredo 3 Mathematik – Arbeitsheft © 2016 Cornelsen Schulverlage GmbH, Berlin

1 Tim wünscht sich einen neuen Rucksack. Er kostet 49 Euro.
Tim hat schon 22 Euro gespart.
Opa schenkt ihm 7 Euro. Tims Patentante gibt den Rest dazu.
Wie viel Euro gibt Tims Patentante dazu?

Markiere im Text die Informationen, die du zum Rechnen brauchst.
Rechne und antworte.

Antwort: _____

2 Kim möchte sich neue Inliner kaufen. Sie kosten 88 Euro.
Die Hälfte des Geldes hat Kim schon gespart. Ihre Eltern
sagen: „Du bekommst 10 Euro Taschengeld im Monat. Wenn
du es noch drei Monate sparst, geben wir dir den Rest dazu."
Wie viel Euro geben Kims Eltern dazu?

Markiere im Text die Informationen, die du zum Rechnen brauchst.
Rechne und antworte.

Antwort: _____

3 Tobi wünscht sich ein Fußballtrikot von seinem Lieblings-
verein. Es kostet 49,95 Euro. Dazu hätte er gerne noch einen
Schal für 12 Euro und eine Sporttasche für 24,95 Euro.
42 Euro hat er schon gespart. Seine Mutter und sein Vater geben
ihm jeweils 15 Euro dazu. Wie viel Euro fehlen Tobi noch?

Antwort: _____

Fredo 3 Mathematik – Arbeitsheft © 2016 Cornelsen Schulverlage GmbH, Berlin

1 Umrande die Ausgangsfigur. Zeichne die begonnene Parkettierung in alle Richtungen weiter.

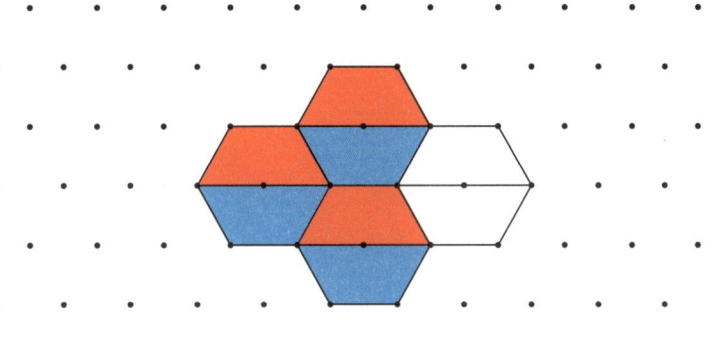

2 Umrande die Ausgangsfigur. Zeichne die begonnene Parkettierung in alle Richtungen weiter.

a)

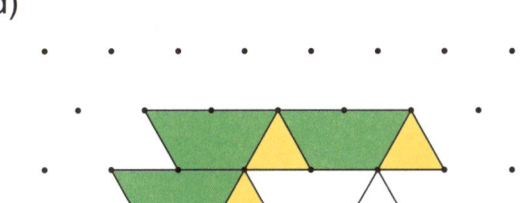

b)

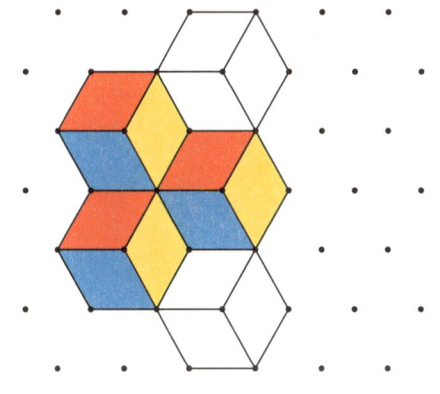

3 Umrande die Ausgangsfigur. Zeichne die begonnene Parkettierung in alle Richtungen weiter.

Fredo 3 Mathematik – Arbeitsheft © 2016 Cornelsen Schulverlage GmbH, Berlin

1 Rechne.

3 · 26 = ____	4 · 23 = ____	2 · 36 = ____
3 · 20 = _60_	4 · 20 = ____	2 · 30 = ____
3 · 6 = ____	4 · 3 = ____	2 · 6 = ____
_60_ + ___ = ____	____ + ___ = ____	____ + ___ = ____

5 · 24 = ____	5 · 53 = ____	6 · 47 = ____
5 · ___ = ____	5 · ___ = ____	6 · ___ = ____
5 · ___ = ____	5 · ___ = ____	6 · ___ = ____
____ + ___ = ____	____ + ___ = ____	____ + ___ = ____

2 Rechne.

6 · 1 4 =	7 · 4 6 =	4 · 3 7 =
6 · 1 0 = 6 0		
6 · 4 = 2 4		
6 0 + =		

3 · 2 7 =	8 · 3 4 =	9 · 4 3 =

3 Wähle immer eine einstellige und eine zweistellige Zahl. Sie sollen direkt nebeneinander oder untereinander liegen. Multipliziere die beiden Zahlen.

34	5	73	8
7	63	2	57
83	3	47	4
6	49	93	8

a) Welche Aufgabe hat das kleinste Ergebnis? _____

b) Welche Aufgabe hat das größte Ergebnis? _____

Fredo 3 Mathematik – Arbeitsheft © 2016 Cornelsen Schulverlage GmbH, Berlin

1 Rechne.

$24 \cdot 3 = \underline{\quad}$
$20 \cdot 3 = \underline{\quad}$
$4 \cdot 3 = \underline{\quad}$
$\underline{\quad} + \underline{\quad} = \underline{\quad}$

$54 \cdot 6 = \underline{\quad}$
$50 \cdot \underline{\quad} = \underline{\quad}$
$4 \cdot \underline{\quad} = \underline{\quad}$
$\underline{\quad} + \underline{\quad} = \underline{\quad}$

$37 \cdot 7 = \underline{\quad}$
$30 \cdot \underline{\quad} = \underline{\quad}$
$7 \cdot \underline{\quad} = \underline{\quad}$
$\underline{\quad} + \underline{\quad} = \underline{\quad}$

2 Rechne.

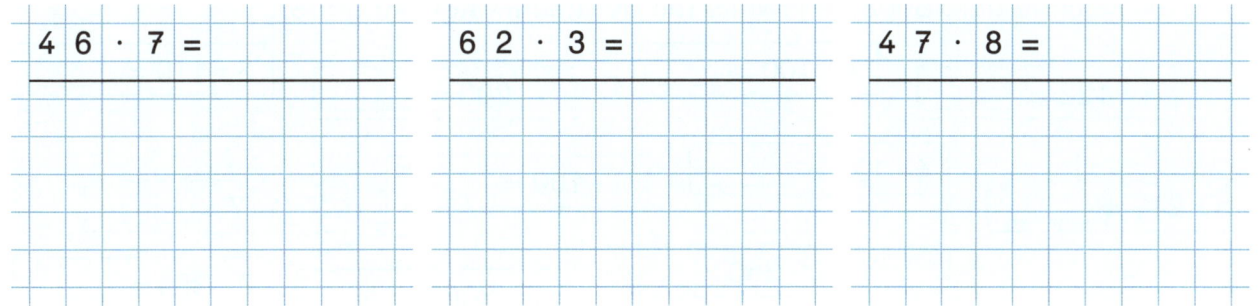

$43 \cdot 7 =$

$40 \cdot \underline{\quad} =$

$3 \cdot \underline{\quad} =$

$\underline{\quad} + \underline{\quad} =$

$63 \cdot 4 =$

$26 \cdot 9 =$

$46 \cdot 7 =$

$62 \cdot 3 =$

$47 \cdot 8 =$

3 Rechne.

a) $6 \cdot 22 = \underline{120} + \underline{12} = \underline{132}$
$6 \cdot 23 = \underline{\quad} + \underline{\quad} = \underline{\quad}$
$6 \cdot 24 = \underline{\quad} + \underline{\quad} = \underline{\quad}$
$6 \cdot 25 = \underline{\quad} + \underline{\quad} = \underline{\quad}$

b) $4 \cdot 34 = \underline{120} + \underline{16} = \underline{136}$
$4 \cdot 35 = \underline{\quad} + \underline{\quad} = \underline{\quad}$
$4 \cdot 36 = \underline{\quad} + \underline{\quad} = \underline{\quad}$
$4 \cdot 37 = \underline{\quad} + \underline{\quad} = \underline{\quad}$

c) $11 \cdot 7 = \underline{70} + \underline{7} = \underline{77}$
$22 \cdot 7 = \underline{\quad} + \underline{\quad} = \underline{\quad}$
$33 \cdot 7 = \underline{\quad} + \underline{\quad} = \underline{\quad}$
$44 \cdot 7 = \underline{\quad} + \underline{\quad} = \underline{\quad}$

d) $37 \cdot 5 = \underline{\quad} + \underline{\quad} = \underline{\quad}$
$36 \cdot 6 = \underline{\quad} + \underline{\quad} = \underline{\quad}$
$35 \cdot 7 = \underline{\quad} + \underline{\quad} = \underline{\quad}$
$34 \cdot 8 = \underline{\quad} + \underline{\quad} = \underline{\quad}$

Fredo 3 Mathematik – Arbeitsheft © 2016 Cornelsen Schulverlage GmbH, Berlin

1

·	30	7	37
3			
4			
5			

·	80	4	84
3			
5			
6			

·	70	2	72
2			
5			
7			

·	60	5	65
3			
6			
8			

·	200	40	240
2			
4			
3			

·	100	60	160
2			
4			
5			

2 a) Immer drei Aufgaben gehören zusammen. Markiere mit der gleichen Farbe.

b) Rechne aus. Beginne jeweils mit der leichtesten Aufgabe.

4 · 122 = _____

4 · 100 = _____

5 · 200 = _____

3 · 110 = _____

5 · 210 = _____

4 · 120 = _____

3 · 100 = _____

3 · 117 = _____

2 · 350 = _____

2 · 300 = _____

2 · 354 = _____

5 · 211 = _____

3 Finde jeweils zwei verschiedene Rechenwege.

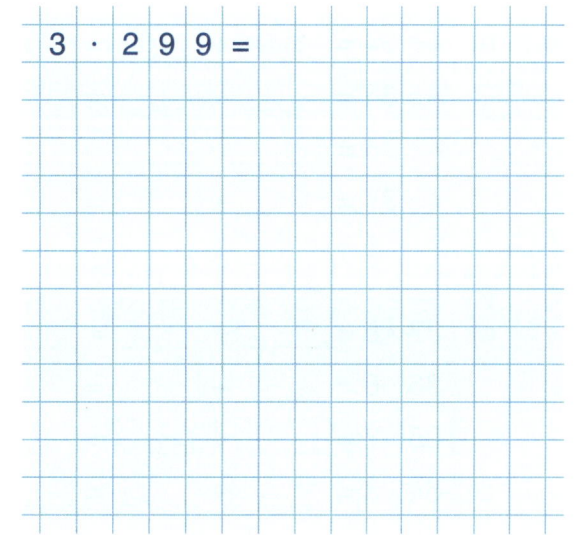

3 · 2 9 9 =

4 · 3 2 5 =

Fredo 3 Mathematik – Arbeitsheft © 2016 Cornelsen Schulverlage GmbH, Berlin

1 Ordne jedem Würfelgebäude den passenden Bauplan zu. Ein Plan bleibt übrig.

3	2	2
2	1	1
2	1	1

3	3	1
1	1	1
1	0	0

3	3	3
2	2	2
1	1	1

3	3	3
2	2	1
1	1	0

1	3	3
1	1	1
0	0	1

2 Wie viele kleine Würfel brauchst du, um die Gebäude zu Jettes Würfel
zu ergänzen?

_____ Würfel   _____ Würfel   _____ Würfel

3 Immer zwei Teile ergeben einen Würfel. Verbinde.
Ein Teil bleibt übrig.

Kannst du das? 6

1 Auf 1 Kilogramm ergänzen

1 kg	465 g	736 g	25 g	988 g	305 g	67 g	211 g

2 Gewichte zerlegen

Du hast diese 12 Gewichtssteine:

   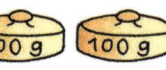  

Wiege folgende Gewichte mit möglichst wenigen Gewichtssteinen.

a) 900 g: _____ b) 224 g: _____

   310 g: _____   615 g: _____

   257 g: _____   92 g: _____

3 Gewichte richtig zuordnen

1200 kg	2 kg	1 g	290 kg	30 kg

4 Sachaufgaben mit Skizze oder Tabelle lösen

Julia und ihre kleine Schwester Lea sind zusammen so groß wie ihr Vater. Ihr Vater ist 1,95 m groß. Julia ist 59 cm größer als Lea. Wie groß sind die beiden Mädchen?

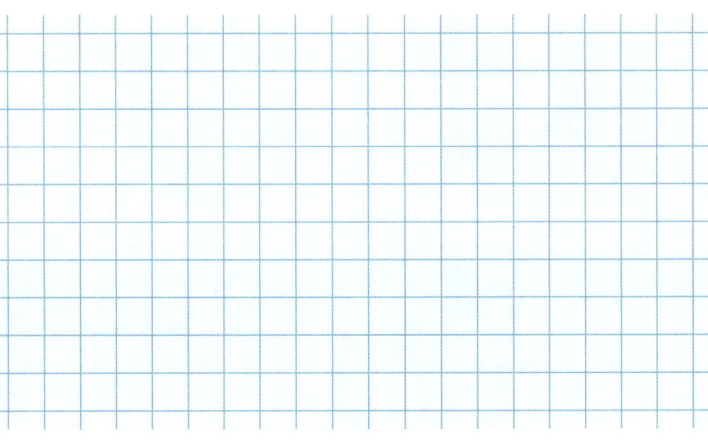

Antwort: _____

F'edo 3 Mathematik – Arbeitsheft © 2016 Cornelsen Schulverlage GmbH, Berlin

5 Wichtige Informationen markieren ✎ und Sachaufgaben lösen

Tim wünscht sich ein neues Fahrrad. Es kostet 140 €.
Zum Geburtstag bekommt er von seiner Oma 25 €.
In seinem Sparschwein sind 91 €.
Von seinem Taschengeld spart er jeden Monat 8 €. Wie viele Monate muss er noch sparen?

Antwort: _____

6 Mit Zehnerzahlen multiplizieren und Zehnerzahlen dividieren

·	30	50	70	80
3				
7				
9				

:	3	6
60		
180		
240		

:	40	80
80		
320		
160		

7 Vielfache und Teiler finden

a) Alle Vielfachen von 3, die zwischen 20 und 40 liegen:

_____, _____, _____, _____, _____, _____, _____

b) Alle Teiler von 48:

_____, _____, _____, _____, _____, _____, _____, _____, _____, _____

8 Halbschriftlich multiplizieren

$3\ 4 \cdot 7 =$ $1\ 2\ 8 \cdot 6 =$ $2\ 4\ 9 \cdot 4 =$

1 Fredo zieht eine Hose, ein T-Shirt und eine Kappe an. Finde alle Möglichkeiten. Vervollständige das Baumdiagramm.

2 Wie viele Möglickeiten gäbe es, wenn Fredo vier verschiedene Kappen hätte?

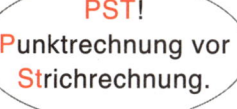

PST!
Punktrechnung vor
Strichrechnung.

1 Rechne. Denke an die PST-Rechenregel.

a) $5 \cdot 9 - 5 =$ _____

b) $6 \cdot 8 + 2 =$ _____

c) $30 : 5 - 6 =$ _____

$20 - 10 : 2 =$ _____

$50 + 3 \cdot 10 =$ _____

$100 - 2 \cdot 5 =$ _____

2 Rechne. Denke an die PST-Rechenregel.

a) $28 : 4 + 3 =$ _____

b) $6 \cdot 9 + 6 =$ _____

c) $3 \cdot 8 - 4 =$ _____

$70 + 4 \cdot 5 =$ _____

$100 : 20 + 5 =$ _____

$6 \cdot 6 + 4 =$ _____

$100 - 50 : 5 =$ _____

$20 - 2 \cdot 6 =$ _____

$80 - 3 \cdot 5 =$ _____

3 Setze die richtigen Rechenzeichen ein: $\oplus, \ominus, \odot, \odot$.

$6 \bigcirc 7 \bigcirc 2 = 44$ $100 \bigcirc 5 \bigcirc 5 = 25$ $500 \bigcirc 5 \bigcirc 50 = 50$

$70 \bigcirc 2 \bigcirc 5 = 40$ $80 \bigcirc 2 \bigcirc 10 = 150$ $1000 \bigcirc 2 \bigcirc 500 = 0$

4 Wie geht es weiter? Wie lautet die Regel? Setze die Zahlenfolge fort.

a) 5, 15, 10, _____, _____, _____, _____, 210

b) 625, 125, 250, 50, _____, _____, _____, _____, 16

5 Erfinde eine passende Zahlenfolge und notiere die Regel.
Verwende zwei verschiedene Rechenarten.

_____, _____, _____, _____, _____, _____, 1000

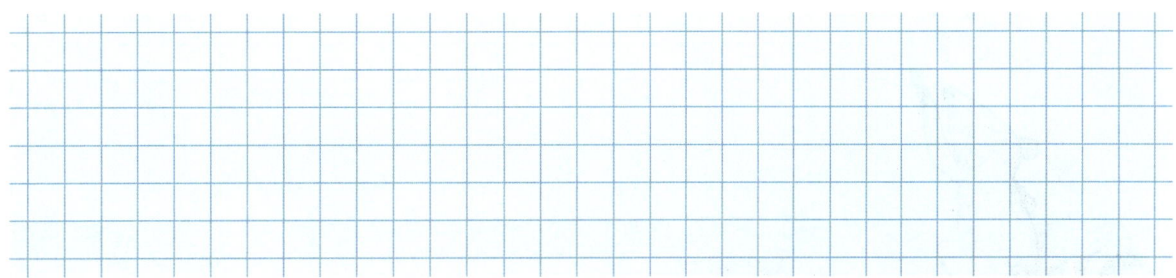

1 Immer 1000

2 Bilde mit den Ziffernkarten zwei dreistellige Zahlen und addiere sie.
Das Ergebnis soll größer als 500 sein. Rechne fünf Aufgaben.

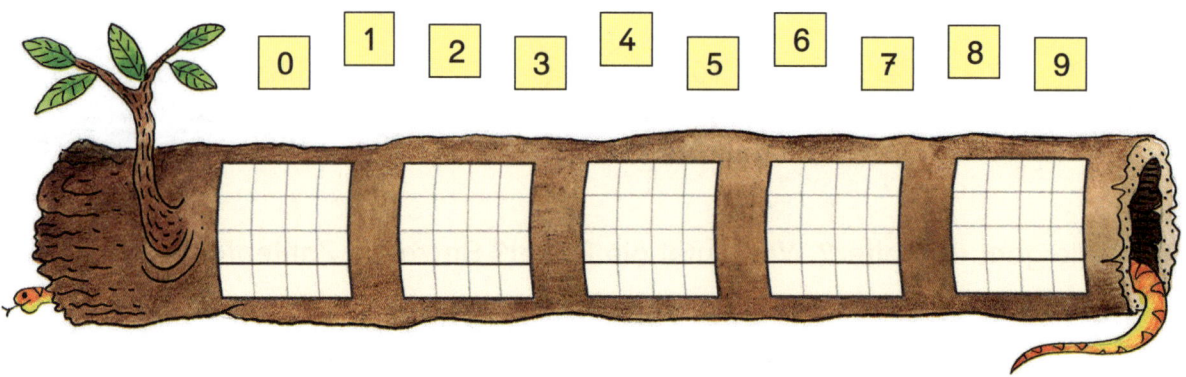

3 Schreibe untereinander und subtrahiere.

a) 732 – 281   b) 903 – 618   c) 18,37 € – 5,84 €   d) 36,05 € – 12,17 €

4 Wähle zwei Zahlen und bilde eine Minusaufgabe.
Das Ergebnis soll zwischen 200 und 300 liegen. Rechne fünf Aufgaben.

732   476   641   395   189   884

Fredo 3 Mathematik – Arbeitsheft © 2016 Cornelsen Schulverlage GmbH, Berlin

5 Rechne im Kopf.

5 · 14 = _____

7 · 13 = _____

2 · 18 = _____

6 · 17 = _____

12 · 8 = _____

16 · 4 = _____

15 · 7 = _____

19 · 3 = _____

88 : 8 = _____

45 : 5 = _____

36 : 4 = _____

72 : 8 = _____

42 : 6 = _____

36 : 3 = _____

49 : 7 = _____

100 : 2 = _____

6 Multipliziere halbschriftlich. Das Ergebnis soll größer als 500 sein.
Rechne vier Aufgaben.

7 Zahlenrätsel

Teile 450 durch 9
und addiere das
Doppelte von 75.

Addiere zum Sieben-
fachen von 13 das
Fünffache von 60.

Multipliziere 50 mit 8
und subtrahiere das
Dreifache von 50.

Fredo 3 Mathematik – Arbeitsheft © 2016 Cornelsen Schulverlage GmbH, Berlin

1 Subtrahiere.

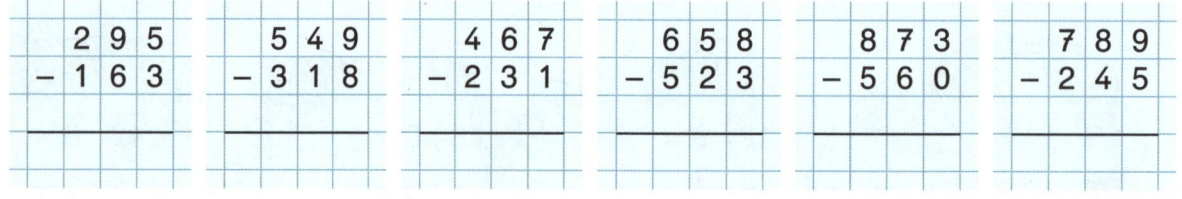

2 9 5	5 4 9	4 6 7	6 5 8	8 7 3	7 8 9
– 1 6 3	– 3 1 8	– 2 3 1	– 5 2 3	– 5 6 0	– 2 4 5

132, 135, 231, 236, 313, 455, 544

2 Wo entsteht ein Übertrag? Kreise ein, bevor du rechnest.

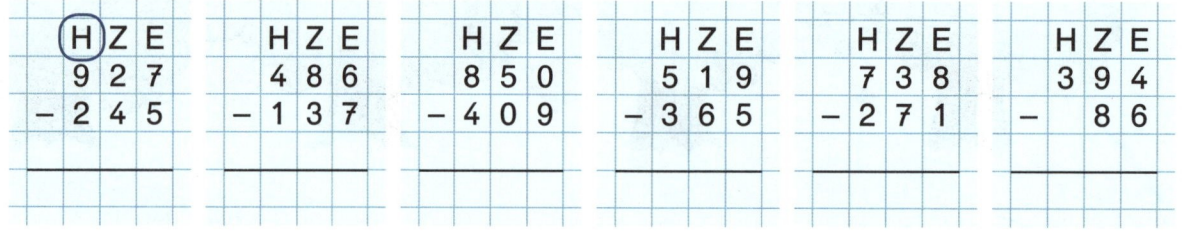

H Z E	H Z E	H Z E	H Z E	H Z E	H Z E
9 2 7	4 8 6	8 5 0	5 1 9	7 3 8	3 9 4
– 2 4 5	– 1 3 7	– 4 0 9	– 3 6 5	– 2 7 1	– 8 6

154, 302, 308, 349, 441, 467, 682

3 Wie viele Überträge entstehen? Kreuze an, bevor du rechnest.

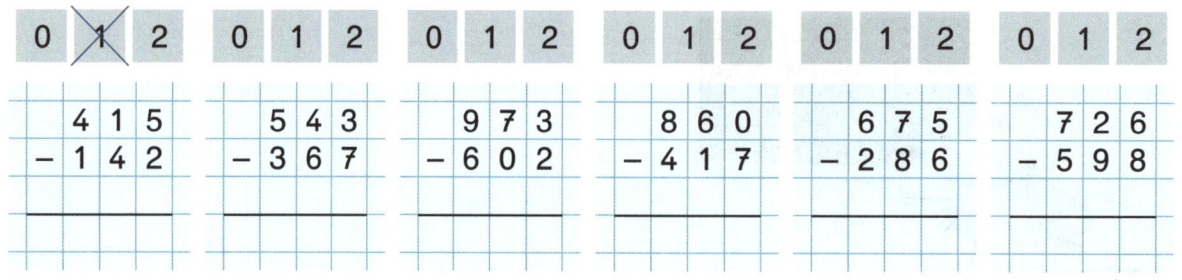

0 1 2	0 1 2	0 1 2	0 1 2	0 1 2	0 1 2
4 1 5	5 4 3	9 7 3	8 6 0	6 7 5	7 2 6
– 1 4 2	– 3 6 7	– 6 0 2	– 4 1 7	– 2 8 6	– 5 9 8

128, 148, 176, 273, 371, 389, 443

4 Finde die Fehler. Verbinde. Rechne richtig.

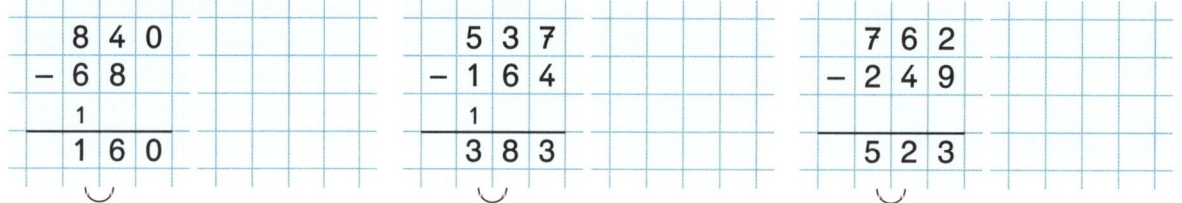

8 4 0	5 3 7	7 6 2
– 6 8	– 1 6 4	– 2 4 9
1	1	
1 6 0	3 8 3	5 2 3

falsch untereinander-
geschrieben

Rechenfehler

Übertrag
vergessen

5 Wähle immer zwei Zahlen und subtrahiere sie. Es soll zweimal gewechselt
werden. Wie viele Aufgaben findest du?

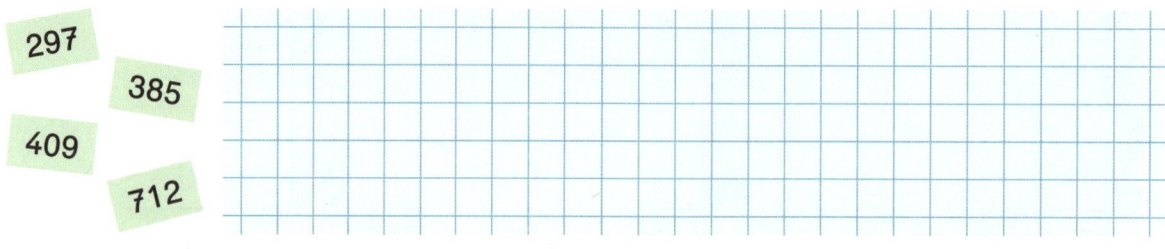

297
385
409
712

Fredo 3 Mathematik – Arbeitsheft © 2016 Cornelsen Schulverlage GmbH, Berlin